EIN PAAR SEIN UND BLEIBEN

- -

TEIL1: KONFLIKTE LÖSEN
mit der Feel-Free-Technik (FFT)

∙ ∙

AF187950

EIN PAAR SEIN UND BLEIBEN

TEIL1: KONFLIKTE LÖSEN
mit der Feel-Free-Technik (FFT)

REINHARDT KRÄTZIG

Impressum

Copyright © 2018 Reinhardt Krätzig

www.reinhardt-kraetzig.de

Herstellung und Verlag:

BoD – Books on Demand, Norderstedt

ISBN 978-3-7448-0206-2

Printed in Germany

Coverdesign: Alerrandre, www.Fiverr.com

Titelfoto: Maridav, Datei: 24537639, www.depositphotos. com

Textkorrektur: Mrsengger, www.Fiverr.com

Ein Paar sein und bleiben!

Teil 1 – Konflikte lösen

Reinhardt Krätzig

INHALTSVERZEICHNIS

VORWORT

Mit Anstrengung, Selbstkontrolle und Zusammenreißen haben wir keine Chance - weil wir unter Stress vorwiegend aus unbewussten Schichten gesteuert werden ...

EINLEITUNG

Wenn man weiß, was da überhaupt vor sich geht und worauf es ankommt, ist jedes Paar in der Lage jeden Streit zu beenden und mit der Zeit immer weniger aneinander zu geraten ...

TEIL 3 – ANDERE WEGE ZUM GLÜCK

VORWORT

Bei den Paarproblemen geht es uns wie mit unseren überschüssigen Kilos auf der Hüfte: wir werden sie einfach nicht mehr los. Warum ist das so schwer? Weil die Konflikte in der Partnerschaft aus tiefen, unbewussten Schichten der Psyche gesteuert werden. Schichten, auf die das Bewusstsein kaum einen Einfluss nehmen kann. Unser hochgelobtes Bewusstsein ist also gar nicht präsent, wenn wir es im Konfliktfall gerade so dringend bräuchten. Damit sind wir dem (negativen) Geschehen hilflos ausgeliefert. Nachher fühlen wir uns dann wieder kläglich, haben ein schlechtes Gewissen und suchen erneut danach, was wir schon wieder falsch gemacht haben und was wir denn zukünftig anders machen können. Weil wir in unserem Bemühen aber an der Ursache vorbei gehen, drehen wir uns ewig in denselben Kreisen. Bewusste Anstrengung, Selbstkontrolle, Zusammenreißen und ähnliches führen uns nicht weiter. Für echte Lösungen, mit wirksamen und stabilen Veränderungen, müsste man die tiefen Schichten der eigenen Psyche erreichen und ihnen sagen können, wie es zukünftig laufen soll.

Genau das ist das Ziel dieser Buchreihe: Hier bekommen Sie Werkzeuge in die Hand, mit denen Sie tief im eigenen Kopf etwas verändern und neue Strukturen aufbauen können. Damit können Sie sich beibringen, sich in Spannungssituationen gänzlich anders zu verhalten und sich zum Beispiel auch von Provokationen der „Gegenseite" nicht provozieren zu lassen. Die Techniken und Aufgabenstellungen stammen aus der professionellen psychotherapeutischen Praxis und sind dort hundertfach erprobt.

Unser Bewusstsein ist - richtig einsetzt - ein großartiges

Instrument zur Steuerung und zur Beeinflussung der eigenen Person und man kann tief greifende Veränderungen erreichen. Wie das geht, möchte ich Ihnen zeigen.

Vorher

Fangen wir mit etwas an, was alle Leser vermutlich in ihrer jeweils eigenen Variation schon kennen. Schauen wir auf einen Moment, in dem zwei, die sich vor nicht allzu langer Zeit ewige Liebe geschworen hatten, mal wieder in einen dieser Konflikte geraten, die offenbar zu einer Zweierbeziehung dazu gehören.

Jessica ist schon seit einiger Zeit nicht mehr zufrieden mit dem Beziehungsalltag. Es fühlt sich für sie so an, als würde sie den Löwenanteil des gemeinsamen Haushaltes allein bewältigen, neben ihrer Arbeit. Schon seit längerer Zeit kommt ihr Partner Jörg immer später von der Arbeit nach Hause. Angeblich muss er das tun, um bessere Aussichten als seine Konkurrenten für die nächste Aufstiegsrunde zu haben. „Ich tue das nur für uns", sagt er immer wieder, wenn sie ihn daraufhin anspricht. Ihre Unzufriedenheit mit der Aufteilung der Hausarbeit hat sie ihm auch schon mehrmals mitgeteilt, was aber nur zur Folge hat, dass sich beide dann in kürzester Zeit heftig streiten. „Du siehst nicht, was ich tue", entgegnet er ihr und kurz danach: „Offenbar ist dir das auch vollkommen egal, was ich mache und wie ich mich bemühe." „Nein, ist es nicht", heißt die Antwort von Jessica, „Aber es kommt mir so vor, als wenn du nicht siehst, was alles zu tun ist und wie ich mich bemühe, es uns einigermaßen schön zu machen." „Schön, dass ich nicht lache, du meinst doch nur staubfrei. Kommt deine Mutter etwa wieder zu Besuch, so dass du wieder alles bis in die letzte Ecke blitzblank machen musst? Vielleicht ist das ja der Grund, weshalb ich immer später von der Arbeit nach Hause komme, weil ich mich hier nicht mehr wohl fühle. Du willst weniger Arbeit haben, mach dir einfach weniger, entspann dich doch mal einfach!" „Ja, das kannst du am besten, das kann ich sicher von dir lernen, - mich entspannen und es mir gut gehen lassen – von wegen Beförderung, das kriegst du doch sowieso nicht hin. Vermutlich hängst du mit deiner neuen Kollegin nach Feierabend noch ewig herum. Na, wann höre ich davon, dass ihr schon längst ein Paar seid. Ich muss bescheuert sein, dass ich mich auf dich eingelassen habe."

So findet ein Wort das nächste und in wenigen Minuten ist die Stimmung vollkommen ruiniert. So geht es schon seit einigen Monaten und es passiert immer öfter.

Nachher

Gibt es überhaupt einen Ausweg aus so einer Situation? Ja, gibt es. Sie halten ihn in der Hand und die einzige Aufgabe, die sich Ihnen stellt, um mit solchen Situationen vollkommen anders umgehen zu können, besteht darin, dieses Buch durchzuarbeiten. Jessica und Jörg haben das bereits hinter sich. Natürlich sind beide immer noch dieselben Menschen und die Gefahr, dass sie in vergleichbarer Weise aneinandergeraten, wie in dem obigen Beispiel, ist nach wie vor gegeben. Dieselbe Situation wird jetzt aber vollkommen anders verlaufen, zum Beispiel so:

Wieder einmal ist Jessica alles zu viel. „Hilf mir doch mal, tu doch auch mal was. Immer muss ich alles alleine machen", kommt es schon ziemlich angespannt aus ihrem Mund. Jörg, der gerade von der Arbeit nach Hause kommt, verzieht das Gesicht und holt innerlich weit aus: „Ich komme gerade von der Arbeit, und ich habe wieder Überstunden gemacht, damit es uns einmal besser geht. Und das Einzige, was ich höre, ist, dass das, was ich tue, dir nicht …" Bis hierher war er immer lauter geworden, jetzt hält er inne und kapiert offenbar, was gerade abläuft. „Mist, wir sind wieder mittendrin", sagt er zu sich selbst und dann zu Jessica: „Okay, ich bin mal eben draußen." Er macht auf dem Absatz kehrt und geht ins Nebenzimmer. Zwei Minuten später kommt er wieder hinein, geht ganz vorsichtig auf Jessica zu und redet sanft: „Was ist los, ist alles wieder zu viel?" Jessica lässt sich von ihm umarmen und sagt: „Ja, mir ist wieder alles zu viel, schön, dass du da bist."

Es gibt auch andere Möglichkeiten, aus dem drohenden Streit auszusteigen. Nehmen wir mal an, Jessica hätte zuerst gemerkt, was sich hier gerade anbahnt. Dann wäre es vielleicht so gelaufen:

Wieder einmal ist Jessica alles zu viel. „Hilf mir doch mal, tu doch auch mal was. Immer muss ich alles alleine machen", kommt es schon ziemlich angespannt aus ihrem Mund. Dann hält sie inne, schluckt, überlegt einen Moment, holt einmal tief Luft und lässt sich mit dem Ausatmen auf einen Stuhl sinken. Mit weicher Stimme sagt sie jetzt zu Jörg: „Tut mir leid, ich habe wieder mal meine Grenzen nicht beachtet… und war deshalb eben wieder in mein Gefühl von ‚ich muss alles allein machen' hineingerutscht. Tut mir leid, ich meine dich doch gar nicht. Ich weiß, dass du selber viel zu oft über deine Grenzen gehst." Jörg ist berührt, nimmt sie in den Arm und beide bereden, wie sie den Abend für beide angemessen gestalten.

Wie haben die zwei das gemacht? In der ersten Lösungsvariante hatte sich Jörg für einen Moment zurückgezogen und hatte einen nur wenige Momente dauernden Durchgang mit der Feel-Free-Technik (FFT) gemacht. Danach war er in der Lage, zu sehen, dass Jessica gerade ein Problem hatte und konnte ihr dann ohne eigene Verletztheit begegnen. Im zweiten Fall war es Jessica selber aufgefallen, dass sie gerade innerlich in ein altes Muster umgeschaltet hatte. Früher hatte sie das nie gemerkt, jetzt funktionierte ihr »frisch installierter« innerlicher Beobachter, warnte sie und rief sie in die Wirklichkeit zurück. Innerlich wendete sie dann noch kurz ihren »Schlüssel zur Psyche« an. Das ist ein individuell zugeschnittener kleiner Film von Erinnerungen oder/ und Fantasien. Das half ihr, vollständig Abstand zu der eben noch erlebten Not herzustellen. Jetzt war sie frei, den Abend mit Jörg gemeinsam gut zu gestalten.

Die erstgenannte Technik (FFT) und noch ein bisschen mehr bekommen sie im ersten Teil der kleinen Buchreihe in die Hand. Wie Sie sich Ihren »Schlüssel zur Psyche« erarbeiten und auch den inneren Beobachter, erfahren Sie im zweiten Teil.

Anmerkung:

In dieser kleinen Buchreihe greife ich die Fragestellung aus meinem ersten paartherapeutischen Buch (»Paare in Krisen«) auf und liefere Antworten, die darin noch nicht oder nur andeutungsweise gegeben wurden. Wer das erste Buch gelesen hat und in vertrauter Weise Hinweise über den Umgang mit kleinen Ich-Anteilen sucht, wird davon nichts finden. Ich habe die Terminologie vollkommen umgestellt und rede jetzt von Verhaltensmustern statt über kleine Ich-Anteile. Aber das sind nur andere Begriffe für dasselbe Geschehen, daher wird die Umstellung vermutlich nicht schwer fallen.

EINLEITUNG

Traumfrau

Er: „Eine Traumfrau, das war sie wirklich und das ist nicht lange her. Ich fühlte mich einfach wohl mit ihrer Leichtigkeit und Offenheit, ihrer klugen Sicht auf die Dinge und ihrer Entschlossenheit, wenn es darum ging, etwas zu richten. Die Momente miteinander haben mir gut getan und Spaß gemacht. Mir ein Leben mit ihr vorzustellen und sie schließlich zu heiraten, geschah ganz von allein, einfach weil es stimmte. Und wo sind wir jetzt? Es fühlt sich an, als seien wir schon 30 Jahre verheiratet, haben uns vollkommen verrannt und verhaken uns jeden Tag aufs Neue. Sie hat ein Schreckensregime errichtet, in dem kein Platz für leere Gläser, bereits gelesene Zeitungen oder die eben ausgezogenen Schuhe im Flur ist. Alles muss gleich bis zu Ende bearbeitet sein und wenn das nicht der Fall ist, flippt sie aus, erlebt es als persönliche Anmache. Wo ist die Entspannung, wo die Leichtigkeit, wo ist die Freude im Miteinander. Ich denke schon länger darüber nach, ob ich mich nicht neu orientieren sollte."

Traummann

Sie: „Traummann, von wegen. Wie konnte ich nur so blind sein. Wieso habe ich nicht gesehen, dass dieser Kerl so wenig Struktur hat, dass er nicht mal sein Bierglas wegräumen kann. Wenn ich es nicht machen würde, würde er am nächsten Tag das nächste daneben stellen usw. Aber wenn es nur das wäre. Er sieht einfach nicht, was ich für einen Riesenanteil an unserem gemeinsamen Leben wuchte. Er sieht nicht meine Leistung und auch nicht mich als Person. Wo ist das liebevoll Umworben sein, die Bereitschaft, mir zuzuhören und sich mit mir auszutauschen? Mir auch mal was abzunehmen, mich mal zu überraschen. Auf Händen hatte er mich über die Schwelle getragen, dann losgelassen und sich aufs Sofa gesetzt – war das jetzt alles? Ist mein Leben gelaufen?"

So oder so ähnlich könnten vermutlich viele Paare über sich und ihre Situation einige Jahre (manche auch schon früher) nach der Traumhochzeit reden. Auf magische Weise scheint sich das Glück im Nichts aufgelöst zu haben und übrig bleibt nur der Alltag. Und dieser Alltag ähnelt bei vielen dem, was sie früher im Elternhaus als unangenehm erlebt hatten. Hatten sie sich nicht geschworen, so nicht leben zu wollen?

Muss das so sein? Muss man hinnehmen, dass der eigene Beziehungsalltag immer wieder von unangenehmen Spannungen, sinnlosen Reibereien und schmerzhaften Streitereien bestimmt ist? Klare Antwort: Nein, damit muss man sich nicht abfinden.

Das, was da so negativ abläuft, hat etwas damit zu tun, wie wir Menschen in unserem Kopf beziehungsweise in unserer Psyche strukturiert sind – aber unsere Psyche ist lernfähig und man kann ihr auch beibringen, im Miteinander anders zu funktionieren. Man muss aber wissen, was da überhaupt vor sich geht und worauf es ankommt. Die notwendigen Informationen und Handlungsanweisungen bekommen Sie in diesem Buch.

Diese Mechanismen, welche die Beziehung so unangenehm werden lassen, entfalten sich automatisch. Es kann jedem passieren und es hat nichts mit Intelligenz zu tun oder damit, irgendetwas falsch gemacht zu haben. Es liegt auch nicht daran, dass man nur den falschen Partner hat. Mit einem anderen wäre es zwar anders, aber im Prinzip würde man genauso leiden wie mit dem jetzigen.

Für den Veränderungs- und Umbauprozess wäre es ideal, wenn beide Partner gleichzeitig anfangen, an sich und an der Beziehung zu arbeiten. Aber man kann auch sehr viel erreichen, wenn nur einer von beiden diese Umgestaltung betreibt. Es ist wie bei einem Tischtennisspiel. Wenn ein Partner aufhört zu spielen, kann der andere nicht weitermachen. Wenn einer also gelernt hat, sich auf das negative Geschehen nicht einzulassen, wird der andere relativ schnell ebenfalls damit aufhören.

Was ist also zu tun?

In diesem ersten Teil der kleinen Buchreihe biete ich Ihnen zwei Werkzeuge an. Zum einen sind es Informationen darüber, warum Paare sich so leicht in negativer Weise miteinander verstricken. Wer nicht weiß, was da vor sich geht, kann auch kaum wirksam eingreifen. Nach dieser so kurz wie möglich gehaltenen Einführung in die Psychodynamik von Paaren folgt ein sehr effektiver Lösungsansatz mit dem jedes Paar in der Lage sein sollte, jeden Streit zu beenden und darüber hinaus zukünftig auch weniger in Streitereien zu geraten. Letzteres setzt allerdings voraus, dass beide eine Weile mit dieser Methode hantieren und so die eigene Psyche trainieren.

Zum Schluss folgt noch eine Reihe von hilfreichen Maßnahmen, um eine in die Schieflage geratene Beziehung langfristig wieder zu stabilisieren. Alles hier Angebotene stammt aus meiner paartherapeutischen Praxis und hat sich schon in vielen Fällen bewährt, nicht zuletzt auch in meiner eigenen Partnerschaft.

TEIL 1 - NOTWENDIGES WISSEN

Schadensmeldungen

In einer Paartherapie stehen am Anfang meist die Schadensmeldungen. Manchmal beklagt sich nur eine Seite, manchmal klagen beide. Die Themen sind sehr verschieden. Häufig bemängelt einer oder beide, dass im Miteinander etwas verloren gegangen ist. Man redet nicht mehr miteinander oder nur immer über dasselbe, es gibt zu wenig Sex, keinen guten oder gar keinen mehr. Einer oder beide arbeiten zu viel und finden nicht mehr zueinander. Oder einer hat das Gefühl, zu viele Pflichten tragen zu müssen und zu wenig Entlastung beziehungsweise zu wenig gemeinsames Wirtschaften zu erleben. Die, die viel tun, haben oft das Gefühl, zu wenig Belohnung dafür zu bekommen oder überhaupt nicht wahrgenommen zu werden.

Die ein- oder gegenseitigen Vorwürfe, Anklagen, Schuldzuweisungen zeigen ein weites Spektrum und reichen von wirklich banalen Themen (wie dem ungeleerten Mülleimer) bis zur Androhung der Trennung wegen langjähriger Entfremdung, scheinbar grundsätzlicher Verschiedenheit oder – was öfter vorkommt – dem Fremdgehen des anderen. Manchmal wollen beide etwas ändern, manchmal will es nur einer, weil für den anderen alles okay ist oder der schon gar nicht mehr will.

Der Bericht über das Negative und Unstimmige füllt die ersten Minuten. »Er sieht mich nicht«, »sie hört mich nicht«, »er nimmt mich nicht ernst«, »sie akzeptiert meine Einwände nicht«, »er zieht immer nur seins durch«, wird in vielfältiger Form geäußert und mit diversen Beispielen belegt. Manche reden sich dabei auch in Rage, werden immer wütender oder verzweifelter, je mehr sie von den negativen Beispielen bieten.

Wenn es noch nicht benannt wurde, frage ich relativ bald nach dem, was fehlt. Manche wissen es sofort, manche müssen erst einen Moment darüber nachdenken.

Oft sind es Wünsche wie: miteinander in Ruhe zu reden, gemeinsame Zeit zu haben, er/sie soll mal sagen, dass es gut ist, was ich tue, ich will mal in den Arm genommen werden, er/sie soll nicht kritisieren, sondern mal loben, er/sie soll mal freundlich sein, …

Natürlich sind es auch sehr viel mehr und sehr verschiedene Wünsche, die da geäußert werden. Aber oft geht es um so etwas Grundsätzliches wie ein liebevolles, ruhiges und freundliches Miteinander, was im Alltag offensichtlich verloren gegangen ist.

Zu gleichen Teilen, 50/50

Die meisten Paare kommen mit dem insgeheimen Wunsch in die Paartherapie, dass der Paartherapeut ihnen dabei hilft, dem anderen klarzumachen, dass der etwas verändern muss, damit es in der Beziehung besser wird. Nur wenige gehen davon aus, dass auch bei ihnen selbst etwas nicht in Ordnung ist. Sie sind überzeugt, dass ihr Leid in der Partnerschaft durch den jeweils anderen verursacht ist. Es scheint ja auch alles so klar und deutlich. „Wenn er sich nicht nur so selbstbezogen um sich drehen würde, wäre doch alles besser." „Wenn sie nur etwas weniger Zeit mit ihrer Freundin verbringen würde, wäre doch alles gut." „Wenn er mir mehr helfen würde, wäre ich schon zufrieden." Solche Schlussfolgerungen scheinen logisch und somit liegt es nahe, sich selbst als Opfer der Umstände zu sehen und keinen Gedanken daran zu verschwenden, wie viel man selber vielleicht dazu beiträgt.

In meinem Hinterkopf habe ich aber die Überzeugung, dass Probleme einer Partnerschaft in aller Regel von beiden erzeugt werden, meist zu gleichen Teilen. Daraus folgt, dass auch eine Veränderung der Situation von beiden ausgehen muss. Ich muss also beide Partner ins Boot holen, beide davon überzeugen, dass sie ihren Beitrag leisten müssen. Dazu muss ich ihnen klarmachen, dass das, was ihnen in der Partnerschaft fehlt, nicht zufällig fehlt, sondern dass es auch sehr viel mit der eigenen Person und der eigenen Lebensgeschichte zu tun hat.

Das mitgebrachte Leid

Wenn die Themen und die dazugehörigen Gefühle schon deutlich im Raum stehen, frage ich einen der beiden ganz direkt danach, ob er/sie dieses Gefühl und dieses Thema auch schon aus Zeiten vor der Beziehung kennt. Zum Beispiel könnte so eine Frage lauten: „Dieses Gefühl – traurig und allein – weil er wieder mal nicht hinschaut, auf das, was sie geleistet haben, sondern sie nur mit einer schlechten Laune belastet, kennen Sie das auch schon von früher, aus Zeiten vor Ihrer jetzigen Partnerschaft?"

Manchmal muss ich auch erst erfragen, was das für ein Lebensgefühl macht, in einer so belasteten Partnerschaft zu leben. „Wie fühlt sich das an, nie in den Arm genommen zu werden?" „Was ist das für ein Gefühl, wenn man nie über das reden kann, was einem auf dem Herzen liegt?" Wenn die Antwort da ist, kommt meine Frage danach, ob denn dieses Gefühl auch schon aus früheren Zeiten bekannt ist.

Diese Art zu fragen zeigt meist sehr schnell, dass alle

Partner das, was sie am Miteinander bemängeln, auch schon vorher erlebt haben. Ihre Erinnerungen an ähnliche leidvolle Erfahrungen reichen zurück in Zeiten, in denen die aktuelle Beziehung noch gar nicht da war. Nicht jeder kann sich sofort an seine Kindheit erinnern, aber da, wo das problemlos geht, lässt sich der rote Faden der Vorgeschichte auch bis in die Kindheit zurückverfolgen. Das gerade beklagte Leiden – zum Beispiel über zu wenig Beachtung, Mangel an Wertschätzung et cetera - ist also nicht erst in der Beziehung entstanden, sondern ist ein Import in die Beziehung – mitgebracht aus längst vergangenen Tagen.

Dieser Punkt ist ungeheuer wichtig, denn das bedeutet, dass der Partner nicht die alleinige Ursache dafür ist, dass man sich nicht beachtet, gesehen, geliebt oder … fühlt. Viele Trennungen erfolgen, weil die Überzeugung da ist, dass es nur am Partner liegt. Daher liegt der Gedanke so nahe, das, was fehlt, mit einem neuen Partner ins Leben zu holen. Aber weil der Grundgedanke falsch ist, ist der Partnerwechsel in den meisten Fällen auch keine Lösung. Folglich dauert es nicht lange, bis sich vieles schon wieder so anfühlt wie früher. Das, was vorher fehlte, fehlt jetzt auch. Vielleicht kennen Sie den Spruch:

Er wollte sein Leben ändern und ging hinaus in die Welt – aber sein Leben blieb gleich – warum? Weil er sich selbst mitgenommen hatte.

Weil man sich selbst in die neue Beziehung mitnimmt, werden sich die Leidensthemen, die man aus den vorherigen Beziehungen schon kannte, bald wieder einfinden. So gesehen, lohnen sich Trennungen selten. Wenn man etwas an seiner Beziehungswirklichkeit ändern will, muss man auch die eigene Person mit in die Rechnung einbeziehen. Viele Probleme in der Partnerschaft entstehen, weil das zu wenig geschieht.

DER EINGESCHRÄNKT FREIE WILLE

Bevor wir zu den Beziehungspartnern und dem Geschehen zwischen ihnen zurückkehren, schauen wir für einen Moment nur in den Kopf einer einzelnen Person.

Rückgriff auf alte Erfahrungen

Wenn wir uns schlecht fühlen, sind wir überzeugt, dass diese Gefühle vollkommen angemessen sind, weil sie ja von den Umständen hervorgerufen wurden, die uns gerade so belasten. Wir erleben unsere Gefühle als angemessene Reaktion auf das, was um uns herum geschieht. Nun reagieren verschiedene Menschen meist verschieden – selbst bei vollkommen gleichen Geschehnissen. Die jeweiligen Umstände wirken als Auslöser, aber was tatsächlich ausgelöst wird, entscheidet sich offenbar in der Psyche der betroffenen Person und ist abhängig davon, was dieser Mensch in seinem Leben bisher schon erlebt hat.

Kein Mensch stellt sich hin und denkt in einer schwierigen Situation darüber nach, wo und wann er ähnliches schon mal erlebt hat. Das geschieht blitzschnell in unbewussten Arealen unseres Kopfes. Wir haben so etwas wie ein Navigationssystem in uns. Darin wird beständig überprüft, ob Ereignisse und Handlungen für uns positive oder negative Folgen haben und wie demzufolge angemessene Reaktionen aussehen müssen. Dabei gibt es ganz einfache Grundregeln. Von etwas, was negative Folgen hat, bewegen wir uns weg und auf das zu, bei dem wir positive Folgen erwarten. Die Steuerung der Person geschieht mit Emotionen (lateinisch: emovere = herausbewegen). Wir fühlen uns also unwohl oder wohl in mehr oder weniger deutlicher Intensität. Innerer

Bezugspunkt für die Bewertung der aktuellen Gegebenheiten sind dabei immer die bereits gemachten Erfahrungen. Dabei muss man wissen, dass die Erfahrungen aus den ersten Lebensjahren einen besonderen Stellenwert haben. Am Anfang ist die Psyche noch ungeformt und daher sind die anfänglichen Erfahrungen Grundlage für alles weitere. Auf ihnen werden die Grundstrukturen der entstehenden Persönlichkeit errichtet. Sie sind sozusagen das Fundament. Alles, was danach kommt, wird an ihnen gemessen. Die Erfahrungen der Kindheit bleiben auf diese Weise lebenslang Basis und Bezugspunkt des Handelns, Denkens und Erlebens - unbewusst.

Weil sich die Zeiten ändern und die Welt eines Kindes auch anders beschaffen ist als die eines Erwachsenen, kann es durchaus sein, dass der innere Navigator auch mal falsch liegt und die aufgerufenen Verhaltens- und Erlebensmuster einfach nicht passen. »Ach, das merkt man doch«, wird mancher argumentieren, überzeugt, dass ihm – also seinem Bewusstsein - das nicht entgehen, er eingreifen und dann eben sein Verhalten ändern würde. Aber genau das ist unter bestimmten Umständen nicht möglich.

Bewusstseinszustände -Test

Machen Sie doch mal ein kleines Experiment mit. Ich möchte Ihnen zwei verschiedene Bewusstseinszustände zeigen.

Für den ersten erinnern Sie sich bitte für einen Moment an ein gutes Ereignis. Es darf mit oder ohne ihren Partner sein. Es darf ein angenehmes Gefühl auslösen. In diesem Zustand befinden Sie sich mit großer Wahrscheinlichkeit ganz im Hier und Jetzt und verfügen über die Denk- und Handlungsmöglichkeiten eines Erwachsenen.

Für den zweiten Bewusstseinszustand schauen Sie kritisch auf die letzten Tage oder Wochen Ihrer Partnerschaft. Was war Ihnen unangenehm am Partner bzw. der Partnerin aufgefallen? Vielleicht gibt es ja auch einen aktuell noch schwelenden Konflikt, der genügend Stoff bietet, um skeptisch auf den anderen zu schauen. Schauen Sie auf die Auseinandersetzung, fühlen sich als Opfer und geben dem Partner die vollständige Schuld für Ihr Leid. Vermutlich fühlen Sie sofort, dass Sie innerlich aufgewühlt werden, vielleicht traurig, vielleicht wütend, empört oder sonst wie belastet darüber sind.

Im zweiten Fall schaltet Ihre Psyche sofort auf Verhaltensmuster um, die Sie bereits in der Kindheit entwickelt hatten. Ihre Denk- und Handlungsmöglichkeiten werden zeitgleich eingeschränkt. Sie erleben die Welt für einen Moment ähnlich, wie Sie sie als Kind erlebt hatten. Weil Sie sich als Opfer sehen, verfügen Sie kaum noch über Möglichkeiten, in das Geschehen besänftigend einzugreifen und einen Konflikt zu vermeiden.

Sollten Sie jetzt immer noch von diesem Experiment emotional belastet sein, können Sie beobachten, dass Ihre Möglichkeiten, diesem Text zu folgen, weiter und weiter beschränkt werden. Weil Sie dazu Ihr Wachbewusstsein brauchen und dieses aber umso mehr eingeschränkt wird, je mehr Sie emotional belastet sind. Es entwickelt sich ein »Teufelskreis«, in welchem Ihnen nur noch Gedanken kommen, die Sie in Ihren belastenden Gefühlen bestärken („das ist so ungerecht", „der/die ist so gemein", „das macht der/die absichtlich" et cetera) und diese Gefühle weitere Gedanken hervorrufen, die den Prozess noch weiter anheizen.

Versuchen Sie doch mal jetzt, auf die Probleme mit dem Partner zu schauen und dabei innerlich viel Abstand zu behalten, also emotional nicht davon ergriffen zu werden. Es kann helfen, sich vorzustellen, dass Sie gerade auf eine Auseinandersetzung von zwei wildfremden Menschen schauen. Lassen Sie sich nicht mitreißen, stellen Sie sich nicht auf die eine oder die andere Seite der Streiter. Denken Sie doch mal, dass die beiden Betroffenen einander gerade fürchterlich missverstehen. Dass sie tatsächlich ein großartiges Paar sind, aber leider beide im Moment wenig davon wissen. Versuchen Sie auch mal den Gedankengang, dass das, was sich die beiden gerade vorwerfen, überhaupt nichts mit der Beziehungswirklichkeit der beiden zu tun hat. Wie ist das, in dieser Weise auf das Problem zu schauen? War es leicht oder schwer, innerlich ruhig zu bleiben?

Der kleine Test soll Ihnen einen Eindruck davon geben, dass das Bewusstsein manchmal weit weniger frei ist als wir annehmen. Bei manchen Themen existiert die große Freiheit unseres Wollens nicht oder nur sehr eingeschränkt. Insbesondere wenn wir Stress miteinander haben, wird die Freiheit ganz klein.

Bewusstsein ist Luxus

Um Energie zu sparen, ist unsere Psyche darauf aus, möglichst oft auf bereits gemachte Erfahrungen zurückzugreifen. Also wird ständig geprüft, ob es zu dem aktuellen Geschehen schon bewährte Verhaltens-, Denk- und Erlebensmuster gibt. So können wir, ohne lange zu zögern, eine Flasche öffnen, eine Treppe steigen und uns auch im Verkehr einigermaßen sicher bewegen. Wir müssen nicht jede kleine Handlung neu erfinden und auch für den Umgang mit anderen Menschen haben wir entsprechende Erfahrungen gesammelt und gespeichert. Was gelernt wird, ist wesentlich abhängig davon, in welchem Rahmen man aufwächst. Weil dieser so verschieden ist (Familie, Heim, Pflegefamilie), lernt jeder etwas anderes.

Meist funktioniert der Rückgriff auf die eigenen Erfahrungsbibliotheken sehr gut. Auch wenn manches Verhaltensmuster aus der Kindheit stammt, gelingt unserer Psyche überwiegend eine gute Balance und eine hinreichende Anpassung an die Bedingungen der Erwachsenenwelt. Dennoch gibt es Momente, in denen unsere Psyche kein so gutes Ergebnis erzeugt. Das ist insbesondere dann der Fall, wenn sensible Themen und/oder alte seelische Wunden einer Person durch das aktuelle Geschehen berührt werden. Die Person verliert den Bezug zu ihrer Wirklichkeit, leidet mehr als notwendig und ist auch kaum in der Lage, angemessen auf die Gegenwart zu reagieren.

Stress und besonderer Stress

Sie sollten wissen, dass unsere Psyche unter Stress bereits die Freiheiten unseres Bewusstseins beschränkt. Denn im limbischen System – einem Teilsystem unseres Gehirns, das von Neurowissenschaftlern als Sitz zentraler psychischer Funktionen verstanden wird - findet unter Stress ein Umschaltvorgang statt, durch den das Bewusstsein seine eben noch gegebene Freiheit der Entscheidung verliert und andere – unbewusste – Systeme übernehmen. Diese navigieren jetzt die Person ausschließlich aus dem gespeicherten Erfahrungswissen heraus. Bewährte Verhaltensmuster stehen als einzige Handlungsalternativen zur Verfügung. Das geschieht umso entschiedener, je mehr innerlicher Stress herrscht. Der Grad der jeweils gegebenen Freiheit des bewussten Denkens und Handelns ist also wesentlich davon abhängig, wie hoch der innerliche Stress ist.

Dabei ist es gleich, welche Umstände den Stress verursachen. Hohe berufliche Anforderungen, private Probleme, Streitereien, Alltagsmissverständnisse, die verstopfte Straße oder einfach nur der falsche Ton in der Stimme des Gegenübers – alles kann dazu führen, dass die Psyche Stress erlebt und das limbische System die Freiheit bewusster Entscheidungen einschränkt. So etwas geschieht nicht selten, sondern ist Alltag.

Besonderen Stress erlebt ein Mensch, wenn alte seelische Wunden berührt sind. Viele kennen ihre derartigen Wunden nicht und rutschen daher unbemerkt in einen anderen Bewusstseinszustand.

Vermutlich gibt es niemanden, der nicht schon einmal erlebt hat, dass sein Gegenüber ganz plötzlich umschaltet. Von jetzt auf gleich hat die andere Person plötzlich schlechte Laune, ist gereizt und aus heiterem Himmel entstehen Streitereien und schlechte Laune. Man selbst versteht überhaupt nicht, was gerade vorgefallen ist, aber der andere zeigt durch seine Reaktion, dass er durch irgendetwas innerlich in Stress geraten ist. Das plötzlich auftretende Verhalten wirkt deshalb so unpassend, weil hier Verhaltensmuster aus ganz anderen Erfahrungsbereichen des Gegenübers verwendet werden. Weil man das aber nicht nachvollziehen kann, wirkt es fremd und störend.

Hierzu ein Beispiel:

Eben waren Ronny und Lara noch ganz friedlich auf einem Volksfest miteinander spazieren gegangen, als er plötzlich aggressiv und abweisend wurde. Von einem Moment zum anderen wollte er da weg und hatte auch keine Lust mehr auf ein Miteinander im Anschluss. Erst als sie wieder zu Hause sind, kann Lara herauskriegen, dass Ronny glaubte, gesehen zu haben, dass Lara einen freundlichen Blick mit einem anderen Mann gewechselt hatte. Dies hatte bei ihm ein Gefühl von Eifersucht ausgelöst und den Gedanken, nicht gemocht zu sein. Innerlich hatte er eine Schutzwand hochgezogen, wurde abweisend und schnitt sich von seinen liebevollen Gefühlen ihr gegenüber vollkommen ab. Tatsächlich war Lara die ganze Zeit mit ihrer ganzen Aufmerksamkeit bei ihm gewesen und wäre nie auf die Idee gekommen, einem anderen einen Blick zu schenken.

Übrigens: Ronny war nicht bewusst, was sich da in ihm abspielte. Erst rückblickend konnte er erschließen was geschehen war. Das Wahrnehmen der Blickverbindung von Lara mit einem anderen Mann war seinem Bewusstsein ebenso entgangen, wie sein plötzliches Umschalten in emotionale Kälte und schlechte Laune. Nur weil Lara schon ein bisschen über seine Tendenz zur Eifersucht wusste und unmittelbar nach dem Geschehen gemeinsam mit ihm redete und die Vorgänge erschloss, konnte er Zugang zu den ansonsten unbewusst gebliebenen Abläufen bekommen. Für sich selbst hatte er die Situation einfach damit erklärt, dass er plötzlich keine Lust mehr hatte, auf dem Volksfest zu sein und lieber woanders allein sein wollte.

Das Beispiel zeigt auch, dass der Stress, der im Kopf dazu führt, auf unpassende Verhaltensmuster zurückzugreifen, blitzschnell und unbemerkt entstehen kann. In unserem Beispiel hatte Ronny den Wechsel seiner Stimmung zwar beobachtet, aber er hatte sich zu keinem Zeitpunkt als gestresst erlebt. Deshalb reicht es auch nicht, lediglich das eigene Leben zu entstressen. Sicher wird man in einem ruhig geführten Leben seltener auf Probleme stoßen, aber es werden immer Themen bleiben, die in der eigenen Psyche Stress auslösen, ganz gleich wie friedlich ansonsten die Umstände sind.

Alte Wunden – trotz einer guten Kindheit?

Was ist mit den Menschen, die überzeugt sind, eine gute Kindheit erlebt zu haben und deshalb solche alten Wunden nicht haben – ist bei denen dann doch der Partner an allem schuld?

Viele Menschen schauen gerne auf ihre Kindheit zurück und sind überzeugt, eine gute Kindheit gehabt zu haben. An schwierige Momente und seelische Lasten erinnern sie sich nicht. Dennoch ist es bei denen genauso. Denn auch in einer guten Kindheit gibt es Momente des Leidens. Ich meine Situationen, in denen das Kind gerade etwas aushalten muss, was ihm nicht gefällt, was es nicht versteht, oder wovon es überfordert ist. In jeder Lebensgeschichte geschieht so etwas und in der Folge kristallisieren sich so einzelne Themen heraus, die für das Kind besonders problematisch sind. Der eine fühlt sich zu wenig beachtet, der andere hätte gerne mehr Anerkennung vom Vater oder der Mutter. Einer fühlt sich gegenüber dem Geschwisterkind zurückgesetzt, der andere fühlt sich eingeengt oder zu wenig angeleitet.

Diese »Wunden« entstehen vor allem in den ersten Abschnitten jeder Lebensgeschichte und hängen mit den Möglichkeiten und Grenzen zusammen, welche die Menschen, bei denen man aufwächst, mit sich bringen. Eltern oder deren Vertreter sind auch Menschen und damit in ihren Möglichkeiten begrenzt. Sie waren selber mal Kind, haben Schwächen und Stärken. Was ein Mensch nicht bekommen hat, wird er auch nicht weitergeben können. Die spezifischen Bedingungen der Welt, in der ein Kind aufwächst, bringen es mit sich, dass bestimmte Aspekte des Lebens in den Vordergrund treten. Erlebt ein Kind beispielsweise einen Mangel an angemessener Zuwendung, dann wird die Suche danach zum vorrangigen Thema. Auch wenn es wiederholt zu viel belastet wird, zu wenig gefordert, sich nicht geliebt oder ungerecht behandelt fühlt – um nur einige Möglichkeiten zu benennen –, wird es Tag für Tag Versuche und Anstrengungen unternehmen, um das Problem zu lösen oder den Schmerz zu lindern. Alles, was dabei auch nur annähernd eine Besserung bringt, wird zum Bestandteil der Verhaltensprogramme, die das Kind mit in das Erwachsenenalter nimmt.

Aber kann ein Kind überhaupt eine Lösung für solche Probleme finden? Kann ein Kind einen wesentlichen Mangel im Beziehungsgefüge durch sein Tun auflösen? Wohl kaum. Weil die wirklichen Ursachen bei den Erwachsenen liegen. Die Lösungen, die von einem Kind gefunden werden, gehen meist auf dessen eigene Kosten. Denn sie erfordern Anpassung, Verzicht, Schuldübernahme, Selbstentwertung und die Entwicklung innerer Überzeugungen, die vor allem dem Zweck dienen, die eigene Person zu begrenzen. Wirkliche Lösungen müssten von den beteiligten Erwachsenen ausgehen. Geschieht dies rechtzeitig, können die vorher entstandenen Wunden geheilt werden. Bleiben Kinder bei ihrer Suche nach Lösungen jedoch auf sich allein gestellt, bleibt die Not der Kindheit erhalten. Sie wird zu einem zentralen Thema im Leben dieser Person und beeinflusst alle Lebensbereiche. Fühlte sich einer als Kind öfter nicht genügend ernst genommen, dann wird er auch noch als Erwachsener in diesem Bereich besonders aufmerksam sein und eventuell schnell verletzt auf fehlenden Respekt antworten.

Lebensthema

Jeder Mensch hat also vermutlich so ein sensibles Thema aus der eigenen Geschichte mitgebracht. Ich bezeichne es als Lebensthema. Wird dieses berührt, ist es genauso, als wenn eine noch nicht verheilte körperliche Wunde plötzlich angefasst wird. Man ist von einem Moment auf den anderen in einem Alarmzustand und deshalb schaltet die Psyche sofort auf die dazu gehörigen alten Erfahrungen und daraus entwickelten Verhaltensmuster zurück. Aber diesmal sind es Leidenserfahrungen, die als Bezugspunkt herhalten.

Während in vielen anderen Situationen der innere Rückgriff vollkommen problemlos ist und einfach nur Energie spart – weil wir nicht erst lange überlegen müssen – ist der Rückgriff auf die Leidensmuster in den meisten Fällen keine gute Wahl.

Schauen wir auf Justus. Er wurde damit groß, dass ihm der ältere Bruder immer vorgehalten wurde. Nie wurde berücksichtigt, dass der auch schon älter war, immer wurden die Leistungen nebeneinander gestellt und so gewertet, als wären beide gleich alt. Justus hat dies immer als ungerecht erlebt und hat mehr als einmal versucht, sich dagegen zu wehren. Hätte er damit Erfolg gehabt, wäre das Thema Ungerechtigkeit vermutlich kein sensibles Thema in seinem Leben geblieben. Die Ungerechtigkeit wäre ab und zu geschehen, er hätte sich dagegen gewehrt und hätte erfahren, dass das geht. Tatsächlich musste er immer wieder erleben, dass seine Gegenwehr erfolglos war, keiner half, er fühlte sich immer wieder machtlos und vollkommen allein. Auch als Erwachsener erlebt er immer wieder Ungerechtigkeiten. Weil er darauf aber mit seinen damals entwickelten Verhaltens- und Denkmustern antwortet, setzt er dem nichts mehr entgegen. Er lässt es einfach geschehen, schluckt den Schmerz hinunter und wendet sich ab. Damit ist er im beruflichen Kontext das ideale Mobbingopfer. In seiner Partnerschaft vermisst seine Frau, dass er auch mal eine klare Position bezieht und sich nicht alles gefallen lässt.

Selbstverständlich verfügt er als erwachsener Mann über Möglichkeiten, sich gegen Ungerechtigkeiten erfolgreich zu wehren. Dazu müsste er aber mit klarem Kopf bei der Sache sein. Ist er aber nicht, weil sein sensibles Thema berührt wurde und er deswegen in kindliche Leidenswelten eingetaucht ist. Deshalb gibt es für ihn keine Chance, sich zu wehren – weil es damals auch keine Chance gab.

Liebe und Lebensthema

Ich hatte mich für ein Buchprojekt (Liebe in der Psychotherapie) längere Zeit intensiv mit dem Phänomen Liebe auseinandergesetzt. Mich interessierte die Frage, warum sich manche Psychotherapeuten mit ihren Klienten/innen so verstrickten. Dabei kam ich zu der Annahme, dass Liebe dann geschieht, wenn zwei Menschen einander besonders ähnlich sind. Dabei meine ich nicht die äußere, sichtbare Ähnlichkeit, sondern eine, die mit anderen Sinnen erfasst wird. Ich meine Ähnlichkeiten in »tieferen« Aspekten der Personen. Diese ist gegeben, wenn beide in vergleichbarer Weise durch ihr bisheriges Leben geprägt wurden. Dabei sind insbesondere die belastenden Erfahrungen wichtig, also das, was ich eben schon als Lebensthema bezeichnet und hergeleitet habe. Vielleicht wäre *Herzensthema* auch eine gute Bezeichnung.

Paare finden also zueinander, weil sie ähnliche Lebensthemen haben. Man könnte auch sagen, dass sie in einem zentralen Bereich ihrer Person ähnlich »schwingen« und die daraus entstehende Liebe eine Resonanzliebe ist. Ein ähnliches oder dasselbe Lebensthema zu haben, bedeutet nicht, dasselbe erlebt zu haben. Die Geschehnisse, die dazu führten, können sehr verschieden sein. Hier ein Beispiel:

Sie war als Einzelkind aufgewachsen, er mit einer großen Zahl an Geschwistern. Beide lernten früh, auf sich allein gestellt zu sein und niemandem vertrauen zu können. Beide lernten zu kämpfen: Sie gegen egozentrische Eltern, er gegen die Übermacht der Konkurrenten in Bezug auf völlig überforderte Eltern. Sie werden ein Paar.

Die Anziehung in einer Resonanzliebe entzieht sich weitgehend einer bewussten Steuerung. Der Prozess kann lediglich gefördert oder begrenzt, aber nicht gänzlich an- oder abgeschaltet werden. Die Zahl der Filme über Resonanzliebe, die sich »mühsam« und trotz der bewussten (Vor-)Urteile über die andere Person irgendwann durchsetzt, ist groß. Offensichtlich ein Thema, das viele Menschen beschäftigt.

Lebenslang wird nach Lösungen für das eigene Lebensthema gesucht. Daher liegt es nahe, dass Menschen einen Partner als Lebensgefährten auswählen, der oder die ihnen dabei dienlich sein kann. Und offenbar sind dazu die am besten geeignet, die ein sehr ähnliches Lebensthema haben.

Vielleicht liegt der Vorteil darin, dass der/die Erwählte, aufgrund des anderen Lebenslaufs, andere Lösungen gefunden hat. Damit besteht von der ersten Minute an die Möglichkeit, am Vorbild des Partners neue Bewältigungsstrategien für die eigenen Nöte zu betrachten und kennen zu lernen.

Vielleicht gibt es hier aber noch mehr Vorteile. Es treffen sich zwei, die in ihrer Entfaltung als Mensch nicht fertig sind. Zwei, die im Kern mit den gleichen Aufgaben zu tun haben und in der gleichen Richtung unterwegs sind. Vielleicht finden sie auch gerade deshalb zueinander, um diesen Weg gemeinsam zu gehen. Vielleicht, um gemeinsam weiter zu kommen, als es allein möglich ist. So gesehen, wäre ein Paar eine Wachstums- und Entwicklungsgemeinschaft, unterwegs, um Lösungen für die gleichen bzw. ähnlichen Themen zu finden.

Vielleicht können Sie in Ihrer Partnerschaft das gemeinsame Lebensthema nicht erkennen. Ich möchte aber bemerken, dass ich in meiner langjährigen paartherapeutischen Praxis noch nie auf ein Paar gestoßen bin, bei dem beide unterschiedliche Lebensthemen hatten. Was mich zu der Schlussfolgerung bringt, dass die meisten Paare aufgrund einer Resonanzliebe zueinandergefunden haben.

Beziehungskrise und Lebensthema

Mit diesem Wissen lässt sich auch erklären, warum manche Konflikte in der Partnerschaft so hohe emotionale Wellen schlagen. Dies geschieht deshalb, weil beide dasselbe Lebensthema haben. Wird es bei einem berührt, wird auch der andere bald angestoßen, gerät unter Stress und schaltet in seine alten Erfahrungen um. In negative, belastende und alles andere als dienliche Verhaltens- und Denkmuster.

Egal, wie banal der Ausgangspunkt ist, geht es für beide – unbewusst - um grundlegende Themen der eigenen Geschichte. Solche wie: »bin ich wichtig?«, »bin ich liebenswert?«, »kann ich dir vertrauen?«, »vertraust du mir?« et cetera. Aber der Grundkontext ist dabei negativ. Diese Fragen waren negativ beantwortet worden – immer wieder – und dies steht jetzt mit im Raum. Deswegen sind Verzweiflung, Zorn und Unmut so groß, weil das Jetzt offenbar auch nichts anderes bietet als die Vergangenheit.

Dabei weiß keiner der Beteiligten etwas von der unbewusst hinein gestrickten Kindheitsthematik. Aber weil Vergangenheit und Gegenwart so vermengt sind, werden die Angriffe des anderen als gegen die eigene Person gerichtet verstanden und als verletzend, ungerecht, unangemessen und ähnlich erlebt. Alles wird zum Treibstoff für eigene Angriffe bzw. Verteidigung und zur Bestätigung, dass das eigene

Handeln jetzt vollkommen angemessen ist. Dieser Prozess funktioniert in einer sich selbst verstärkenden Weise, je länger er abläuft, umso intensiver wird der Konflikt. So etwas kann sehr laut werden, aber auch ganz still ablaufen. Manche schlucken die Verletzungen in sich hinein, manche schreien sie hinaus. Manche beenden in so einem Moment die Beziehung, bei anderen bröckelt zumindest ein Stück von der gegebenen Liebe ab.

Wer hier etwas grundlegend ändern möchte, muss etwas über das eigene Lebensthema erfahren und Wege finden, dieses Thema und die damit verknüpfte lebenslange Suche endlich zu beenden. Diese Aufgabe wird das zentrale Thema des zweiten Bands dieser Reihe sein. Im vorliegenden Buch lernen Sie erst einmal, wie Sie sich aus der emotionalen Verstrickung zwischen heute und damals, zwischen Lebensthema und aktuellem Auslöser befreien.

Zuhause fühlt man sich wie Zuhause

Die Fehlnavigation in das kindliche Leid geschieht in einer Partnerschaft nicht nur deshalb so häufig, weil Beziehungspartner dasselbe Lebensthema haben. Auch die Tatsache, dass beide ein gemeinsames Zuhause teilen, ist dafür wichtig. Das kann man daran sehen, dass man mit den anderen Menschen, mit denen man ein ähnliches Lebensthema teilt, weniger häufig in Stress gerät. Warum holt man sich diesen Menschen in seine Nähe und nicht den anderen? Personen aus dem Freundes-, Bekannten- oder Kollegenkreis stehen einem nämlich deshalb so nahe, weil sie ähnliche Lebensthemen wie man selber haben. Mit diesen könnte man sich also auch leicht verheddern. Das geschieht auch oft, aber eben nicht so häufig wie in der Zweierbeziehung. Denn man ist dadurch etwas geschützt, dass man nicht das Zuhause miteinander teilt.

Je mehr man in einer Partnerschaft innerlich ankommt, je mehr die gemeinsame Behausung also auch das Zuhause wird, umso mehr knüpft man unbewusst an die Erfahrungen aus dem ursprünglichen Zuhause der Kindheit an. Die Partnerschaft wird mehr und mehr zum Nachfolger der ursprünglichen Familie – und damit wird sie auch mit der damaligen Not in Verbindung gebracht. Die wichtigsten Hilfsmittel dafür waren die damals entwickelten Denk- und Verhaltensmuster – in die man jetzt mehr und mehr umschaltet. In jedem Streit und bei jedem Problem geht es dann um alles – um das Lebensthema.

Das eigene Lebensthema

Wer jetzt schon wissen will, was sich da aus der eigenen Kindheit im gegenwärtigen Leben niederschlägt, braucht nur sich selbst zuzuhören, insbesondere, wenn er gerade auf seinen Partner/seine Partnerin nicht gut zu sprechen ist.

Zum Beispiel redet sie über ihn: „Er denkt immer nur an sich selbst, es ist ihm zu viel, mir mal einen Gefallen zu tun … ich bin ihm wohl nicht wichtig genug." Das Kindheitsthema dahinter: Sie musste vermutlich auf vieles verzichten und hat daraus geschlossen, nicht wichtig zu sein.

Oder er beschwert sich: „Noch eine Aufgabe und noch eine und noch eine, nie kommen wir mal zur Ruhe." Und wenn ich (als Paartherapeut) ihn frage: „Was denken Sie dabei über sich selbst?", kommt als Antwort: „Na ja, ich bin hier nur zur Dekoration da. Es geht offenbar nicht um mich." Das Kindheitsthema ist hier ähnlich. Hier hat auch einer gelernt, immer wieder auszuhalten und mitzuspielen, auch wenn es nicht um ihn ging.

In diesen Beispielen haben beide damals nicht genug von etwas gehabt (Spielraum, Aufmerksamkeit, Anerkennung, Wichtigkeit oder ähnliches) und wollen nichts sehnlicher, als in ihrem jetzigen Zuhause etwas davon zu bekommen. Wer soll es geben? Der Partner bzw. die Partnerin! Interessant ist dabei, dass die Partnerschaft (unbewusst) zum Nachfolger der Kinderstube geworden ist. Das, was man damals nicht bekommen hat, soll jetzt der Partner richten. Diese unselige Verquickung von Kindheit und Partnerschaft erreicht vor allem eines: Sie erzeugt Krisen!

Fehlnavigation – wie kann man das merken?

Wer innerlich auf die zu seinem Lebensthema gehörenden Verhaltensprogramme umgeschaltet hat, verliert den Bezug zu seinen tatsächlich gegebenen Möglichkeiten in der Jetztzeit. Er kann sie nicht mehr sehen und kann deshalb auch nicht angemessen handeln. Alles, was er jetzt tut, denkt und sagt, führt in eine falsche Richtung und wenn er in diesem Verhaltensmuster bleibt, kann es für ihn und vielleicht auch für andere richtig unangenehm werden. Auch wenn nichts weiter Schlimmes passiert, leidet er und fühlt sich wirklich schlecht.

Vermutlich kennt jeder solche Momente, in denen ein anderer vollkommen in einer Sichtweise gefangen ist, die niemand in der Umgebung nachvollziehen kann. Dieser Mensch ist dann für einen Moment unerreichbar. Kein Argument kommt durch dessen eigene verquere Logik hindurch, jeder Versuch zu helfen, macht alles nur schlimmer. Erst Stunden, Tage oder manchmal auch erst Wochen später kann man mit diesem Menschen über den Vorfall reden, mit manchen allerdings niemals.

Erst wenn man aus so einem Leidenserleben wieder draußen ist, kann man wieder angemessen mit dem Geschehen in der Gegenwart umgehen. Eine ideale Ausstiegshilfe ist die weiter unten vorgestellte Feel-Free-Technik. In ein paar Minuten ist der eigene Kopf wieder klar... Das einzige Problem dabei: Man muss erst mal merken, dass man sich gefühlsmäßig verlaufen hat und jetzt neu orientieren muss. Das ist nicht immer einfach, denn als betroffene Person ist man vollkommen von den eigenen Gefühlen überzeugt - zum Beispiel, jetzt gerade ungerecht behandelt zu werden. Entsprechend ist man auch überzeugt, dass die eigenen Worte, Vorwürfe und Angriffe und auch das eigene Leiden vollkommen berechtigt sind. Wie kann man überhaupt merken, dass man sich in so einer Situation befindet?

Leiden als Marker

Ein guter Bezugspunkt für die innere Messlatte ist das eigene Leiden. Das Auftauchen von Leid ist ein hinreichender Marker dafür, dass die eigene psychische Navigation gerade in eine falsche Richtung führt.

Ich bin nach vielen Jahren intensiver Beobachtung bei mir selbst und meinen Patienten inzwischen überzeugt, dass die folgende Annahme richtig ist:

Wenn ich in Folge eines mehr oder weniger normalen Geschehens anfange zu leiden, ist etwas faul. Ich leide vermutlich nur, weil meine unbewusste Psyche jetzt gerade einen Bezug zwischen der Gegenwart und Leidenserfahrungen meiner Kindheit hergestellt hat. Weil meine Kindheit aber keine gute Vorlage für die gegenwärtige Situation ist, bin ich in einer falschen Richtung unterwegs, wenn ich das nicht unterbreche. Deshalb habe ich mir angewöhnt, meinem Leiden nicht mehr zu vertrauen. Vielmehr werde ich hellwach, wende (meist) die Feel-Free-Technik an und suche einen anderen Zugang zu meiner Gegenwart.

Leiden lohnt nicht

Auch bei meinen Patienten kann ich immer wieder sehen, dass massive emotionale Belastungen nicht zur Verbesserung einer Situation beitragen. Ich klammere hier ganz bewusst alle Situationen aus, die außerhalb der Alltagsroutine stattfinden. Wenn ein naher Mensch – oder man selbst - schwer erkrankt, verunglückt oder sonst schweres Leid erlebt, wäre ich der Letzte, der damit anfängt, die dazugehörigen Gefühle wegmachen zu wollen. Aber die kleinen Leidensmomente, die sich entfalten, weil der Freund das Falsche gesagt hat, die Partnerin gerade mal überfordert und deswegen unfreundlich war, die Verabredung nicht klappte oder der Müll noch immer nicht draußen ist, die kann und sollte man sich sparen. Hier macht unsere unbewusste Psyche einen Fehler. Sie ist nicht allwissend und kann daher auch mal falsch liegen. Leiden lohnt nicht.

Beispiel:

Felix hatte als Kind oft unter der Ungerechtigkeit seiner Eltern gelitten. Immer wenn der kleine Bruder etwas angestellt hatte, wurde Felix dafür zur Rechenschaft gezogen. Glaubt er sich heute – viele Jahre danach - von seiner Partnerin ungerecht behandelt, dann fühlt er sich von einem Moment auf den anderen genauso wie in den Zeiten, in denen er als Kind ungerecht behandelt worden war. Ohne dieses innere Umschalten würde er vielleicht über Situation nur lachen oder er würde sich wehren und die Sachlage klären. Stattdessen leidet er jetzt und fühlt sich genauso machtlos und hilflos wie damals als Kind. Zu seinen tatsächlich gegebenen Möglichkeiten hat er keinen Bezug und kann deshalb auch nicht angemessen handeln.

Aus diesem ganzen System kann man aussteigen. Man kann das unnötige Leiden beenden und der eigenen Psyche beibringen, zur Lösung der Gegenwartsprobleme nicht mehr auf die alten Verhaltensmuster zurückzugreifen. Sie erfahren gleich, wie das mit FFT funktioniert.

Vielleicht verstehen Sie inzwischen auch, dass es für die eigene Person nicht schädlich ist, aus diesem System auszusteigen. Denn wenn Sie hier eingreifen, verhindern Sie nur, dass Ihre unbewusste Psyche eine falsche Verbindung herstellt und deswegen unpassende Gefühle, Gedanken und Verhaltensweisen entstehen. Mit FFT führen wir uns lediglich wieder in die Gegenwart zurück und ermöglichen dadurch überhaupt erst ein angemessenes Verhalten, Fühlen und Denken.

Ein Beispiel für die Anwendung von FFT:

Nach einem Streit um ein ganz banales Alltagsproblem – es geht um einen nicht geleerten Mülleimer - fühlt sich Ben richtig schlecht. Seine Freundin hatte ihn kritisiert. Sie hatte ihm gesagt, dass sie enttäuscht ist, weil er schon wieder vergessen hat, den Müll zu leeren, obwohl er anderes versprochen hatte. Schon bei den ersten Worten von ihr, hatte er sich so gefühlt wie damals, als seine Mutter ihn mal wieder als schlampig und unzuverlässig beschimpfte. Damals hatte ihn das sehr getroffen und das insbesondere, weil er es als ungerecht erlebte und als vollkommen überzogen. Es hatte ihn auch verzweifelt gemacht, weil es ihm einfach nicht gelingen wollte, seine Mutter mal zufrieden zu stellen. Genauso fühlt er sich jetzt auch. Er erlebt die Kritik als ungerecht und denkt, dass er seine Freundin niemals zufrieden stellen kann. Den ganzen Frust, den dieser Gedanke in ihm auslöst, hat er dann seiner Freundin ins Gesicht geschrien, die jetzt selber richtig aufdrehte, weil sie diese Reaktion vollkommen daneben fand. Schräg wurde die Mülldebatte also erst durch den inneren Bezug von ihm zu seiner Kindheit. Dadurch entstanden Gefühle, die überhaupt nicht dienlich waren, sondern die Situation völlig zum Entgleisen brachten. Mit FFT löst Ben diese Bezüge zur Vergangenheit in wenigen Augenblicken wieder auf. Im selben Moment konnte er sehen, dass er seiner Freundin Unrecht getan hatte. Eben war er noch sauer über ihr »Gemecker«, im nächsten Moment tat es ihm leid, sie so beschimpft zu haben. Jetzt verstand Ben erst, was sie von ihm wollte und sah, dass er tatsächlich nicht funktioniert hatte, wie er es ihr versprochen hatte.

FFT: mit Bewusstsein und Hypnose

Bevor ich damit anfange, FFT zu erklären, möchte ich hier ganz kurz andeuten, warum die Methode funktioniert und ihre Anwendung auch Sinn macht. Dies, damit Ihnen die Arbeit damit gleich leichter von der Hand geht, denn das geht einfacher, wenn im Kopf nicht gleichzeitig Bedenken oder Misstrauen kursieren.

FFT ist kein Spielzeug, mit dem man sich mal ein bisschen gute Laune macht, ähnlich belanglos und beliebig, als würde man dazu Alkohol oder andere Drogen einsetzen. FFT ist viel mehr. Die Technik ist geeignet, Fehler der psychischen Navigation zu beheben, indem unbewusst aufgerufene, unpassende Verhaltensmuster unterbrochen werden.

Warum es sinnvoll und hilfreich ist und keinesfalls schadet, aus den belastenden Gefühlen auszusteigen, die sich zwischen Partnern entwickeln, wurde hinreichend und für die meisten hoffentlich verständlich auf den vorstehenden Seiten dargestellt. Hier möchte ich noch auf die spezielle Technik eingehen, die wir hier anwenden. FFT nutzt Möglichkeiten des Bewusstseins und der Hypnose.

Bewusstsein

Für FFT nutzen wir die Möglichkeit des Bewusstseins, für Momente die innere Führung übernehmen zu dürfen, ansonsten würde die unbewusste Psyche solange im gewählten Muster bleiben, bis irgendetwas geschieht, was sie davon abbringt. Mit dem Bewusstsein können wir aber zu uns selbst in Distanz treten, können von außen auf uns selbst schauen und eine andere Richtung bestimmen. Das funktioniert aber nur, weil wir die neuen Anweisungen in einer Sprache vermitteln, die von den unbewussten Schichten im Gehirn auch verstanden wird. FFT arbeitet mit Visualisierung, also mit vorgestellten Bildern. Unser Gehirn ist durch solche Bilder viel leichter zu steuern, als durch eine innere Ansprache auf verbaler Ebene. Man könnte auch sagen, dass Visualisierung die »Sprache des Gehirns« nutzt. Das funktioniert sogar, wenn diese Bilder nur in der Vorstellung existieren. In fantasierten Bildern zeigen wir der eigenen Psyche, dass sie mit den unangenehmen Gefühlen und Gedanken sofort aufhören soll.

Hypnose

Auf den ersten Blick ist kaum zu erkennen, dass FFT Möglichkeiten der Hypnose nutzt, vor allem weil keine offensichtliche Trance aufgebaut wird. Tatsächlich haben wir es sogar mit zwei Tranceebenen zu tun. Zum einen gibt es eine sogenannte »Problemtrance«, die der Betroffene schon mitbringt. Diese Trance geht einher mit dem Leiden, wir werden uns gleich noch damit befassen.

Wichtiger ist zunächst eine zweite Tranceebene. Diese brauchen wir, um die unbewusste Psyche zu erreichen. Sie wird ganz nebenbei errichtet. Das geschieht mittels der Konzentration, die wir bei den visuellen Aufgaben aufbringen. Die genaue Beschreibung der Details der Vorstellungen dient der Erzeugung der Trance. Auch durch den differenzierten Blick auf die erlebten Gefühle und die kreative Gestaltung der dreidimensionalen Abbildung der Gefühle wird die Trance vertieft. Danach ist sie hinreichend dafür vorbereitet, die neue Information aufzunehmen und sich entsprechend umzustellen. Das visuell transportierte »lass das mit diesem Gefühl« kann jetzt tief in die unbewusste Schaltzentrale eindringen und wird meist widerspruchslos umgesetzt. Die belastenden Gefühle verschwinden und gleichzeitig entsteht innerlich Distanz zum verursachenden Geschehen.

Zur Förderung der Trance ist es in allen Stufen wichtig, auf die Details der Bilder und Gefühle Wert zu legen und diese genau zu »sehen«. Wenn die Konzentration für die Visualisierungen nicht mehr aufgebracht werden kann, sollte man die Arbeit beenden oder zumindest pausieren.

Die Feel-Free-Technik ist also eine Hypnose und, wenn sie allein durchgeführt wird, eine Selbsthypnose.

Aus der Problemtrance aussteigen

Die zweite Tranceebene, mit der wir in FFT zu tun haben, ist die »Problemtrance«, die durch das Aktivieren der Kindheitsmuster entstanden ist. Für einen Moment denkt, fühlt und handelt der Betroffene, als befände er sich in der eigenen Kindheit. Er selber merkt nichts davon und genau das macht auch eine Trance aus: Man ist darin, ohne es bewusst zu registrieren, gleichzeitig ist man vollkommen verschlossen gegenüber der tatsächlichen Wirklichkeit. Durch FFT wird diese Problemtrance unterbrochen und beendet. Manchmal in einem Durchlauf und mitunter in einer ganzen Reihe von

Durchgängen, je nach Tiefe des Geschehens. Ist ein Mensch nur leicht in Trance, wie beim Hören von Musik zum Beispiel, dann ist er auch leicht herauszuholen. Ist die Trance tiefer, braucht es etwas länger.

Vermutlich ist die hohe Wirksamkeit von FFT durch die Nutzung hypnotischer Effekte bedingt. In meiner psychotherapeutischen Praxis setze ich diese Technik daher in vielfältiger Weise ein. Einfache Lasten können damit ebenso bearbeitet werden wie schwere psychische Traumata. Ich warne allerdings vor Versuchen, eine gegebene psychische Erkrankung mit FFT in Selbsttherapie kurieren zu wollen. Psychotherapie ist niemals nur die Anwendung von Techniken, sondern ist eine Profession, die jahrelanges Studium und Berufserfahrung erfordert. Wegen der Komplexität ihrer Tätigkeit sind Psychotherapeuten während ihrer gesamten Berufszeit dazu angehalten, ihre Arbeit durch Kollegen beaufsichtigen zu lassen (berufliche Supervision). Selbst Profis können sich also leicht verlaufen.

Lassen Sie sich aber nicht davon abhalten, Ihren Beziehungs- oder anderen Stress damit zu bearbeiten. Sollten Sie sich für Sie unpassende Themen herausgepickt haben, wird Ihnen Ihre Psyche mit großer Sicherheit einen Strich durch die Rechnung machen. Denn bei den meisten Menschen sind die Mechanismen zum Selbstschutz vollkommen ausreichend, um zu verhindern, sich mit einer selbst angewendeten Technik außer Kontrolle zu bringen. Wer Zweifel hat, ob dies bei ihm so ist, sollte aber die Finger davon lassen.

TEIL 2 – DIE FEEL-FREE-TECHNIK

Die Probleme der Partnerschaft liegen nicht daran, dass sich die Falschen zusammengefunden haben. Sie liegen nicht in der eigenen Schuld oder Unfähigkeit und auch der Partner trägt nicht allein die Verantwortung. Der Alltag der Beziehung hat lediglich dazu geführt, dass in einem oder meist in beiden Beteiligten alte Themen aus der Kindheit berührt wurden. Deshalb entstanden das merkwürdige Verhalten und in der Folge die Konflikte und Probleme. Jetzt zeige ich Ihnen, wie Sie aus dem Ganzen auf kürzestem Weg herauskommen.

Feel Free arbeitet mit visuellen Vorstellungen, das bedeutet, Sie müssen sich Dinge vorstellen, also Bilder oder ganze Szenen vor dem inneren Auge sehen. Nicht jeder kann das auf Anhieb, aber es lässt sich lernen und trainieren. Wenn das bei Ihnen der Fall ist, schauen Sie bitte in den Abschnitt »Ich kann mir das nicht vorstellen … « auf Seite 89. Hier bekommen Sie einige Hinweise.

Das Umschalten mit FFT funktioniert in fünf Schritten, diese sollten wie beschrieben durchgeführt werden. Bearbeiten Sie einen Schritt nach dem anderen, ohne hin und her zu springen. Wenn Sie nicht gerade mitten in einer belasteten Stimmung stecken, fangen Sie am besten mit einem Problem an, das nicht ganz aktuell ist. Sie können sich so den Ablauf leichter erarbeiten. Zur Not geht es aber auch mit einem aktuellen Problem. Sie dürfen auch Themen aus anderen Lebensbereichen mit FFT bearbeiten, zum Beispiel Probleme mit Kollegen, dem Chef, dem Nachbarn …

Schritt 1 – Problem benennen

Mit FFT kann man einzelne belastende Situationen bearbeiten – den Crash vorhin am Frühstückstisch - und auch wiederkehrende unangenehme Themen, wie zum Beispiel die ständige Unfreundlichkeit Ihres Partners.

Ist eine bestimmte Situation der Ausgangspunkt, dann fangen Sie mit dem Punkt 1.1 an und benennen, was Sie besonders darin belastet. Punkt 1.2 ist dann schon erledigt und es geht bei 1.3 weiter. Wollen Sie ein grundsätzliches Thema bearbeiten, dann haben Sie damit vermutlich schon das Problem benannt (Punkt 1.1) und brauchen dann nur noch eine einzelne Situation als Bezugspunkt. Die suchen Sie in Punkt 1.2.

1.1 – Das Problem benennen - Überschrift

Benennen Sie das Problem. Was ist das, was Sie an dem Vorfall oder dem grundsätzlichen Thema besonders belastet.

„Sie hört mir nicht zu"

„Seine Ungerechtigkeit verletzt mich"

„Er hat es versprochen und wieder nicht gehalten"

„Sie lässt ihren Stress an mir aus"

Bei Themen außerhalb der Partnerschaft geht es genauso. Ist Ihr Thema die Ungerechtigkeit bei der Festlegung der Urlaubszeiten am Arbeitsplatz, heißt die Überschrift vielleicht: „Ich werde immer übergangen!"

1.2 – Situation

Wenn Sie ein grundsätzliches Problem im Fokus haben, brauchen Sie jetzt noch eine einzelne Situation, die sehr gut dazu passt. Eine, in der also genau das geschehen ist, was Sie so belastet. Wurde Ihre emotionale Last nur von einer einzigen Situation verursacht, ist sowieso schon alles klar – Sie wählen genau diese eine Situation für die nächsten Schritte. Ansonsten sollte die gewählte Situation ein gutes Beispiel für das benannte Problem sein und auch die dazu gehörigen negativen Gefühle auslösen.

Während das Problem noch allgemein formuliert sein darf, muss die Situation, die Sie jetzt als Bezugspunkt auswählen, eindeutig bestimmt werden. Sie muss wirklich genauso stattgefunden haben und Sie sollten auch nicht einen Zusammenschnitt aus mehreren Szenen konstruieren.

Fortgeschrittene Anwender von FFT dürfen auch fantasierte Situationen als Bezugspunkt nehmen, zum Beispiel die bevorstehende Weihnachtsfeier – in einem Negativverlauf. Machen Sie das aber nicht am Anfang.

1.3 – Ein zentraler Moment

Wählen Sie jetzt aus der eben gewählten Situation einen einzelnen Moment heraus. Kein Randgeschehen, sondern einen Punkt mitten im Kern des Ereignisses, welches Sie so belastet. Wenn Ihre Partnerin mit Ihnen sauer war, dann ist es vielleicht genau der Moment, als diese mit dem Finger auf Sie zeigte und laut anklagte oder – ein anderes Beispiel: Der Moment, in dem Ihnen klar wird, dass er Ihren Geburtstag tatsächlich vergessen hat.

1.4 - Schnappschuss

Stellen Sie sich vor, dass von genau diesem Moment ein Foto existiert. Was ist auf diesem Foto zu sehen? Ist Ihr Blinkwinkel dargestellt oder sieht man die Szene von außen, so als wäre ein Fotograf da gewesen. Alles ist okay und verwendbar, entscheiden Sie sich aber für genau eine Möglichkeit. Wir arbeiten nur mit einem stillstehenden Bild, nicht mit einem Film!

1.5 – Der Schnappschuss als Bild an der Wand

Malen Sie sich in Gedanken aus, dass ein Bild, mit dem Inhalt des eben ausgewählten Fotos, nur wenige Schritte entfernt an der Wand gegenüber hängt. Haben Sie nichts in Ihrer Nähe, an das Sie Ihr Bild - in Ihrer Vorstellung - hängen können, stellen Sie sich einfach eine Staffelei vor, die Sie in einigem Abstand vor sich aufstellen. Machen Sie das Bild nicht zu groß – kleiner ist für unsere Aufgabe meist besser. Machen Sie es nicht viel größer als etwa einen Meter in der Breite oder Höhe.

Eine wandgroße Projektion macht den Vorgang manchmal schwieriger. Es ist gleich, ob Sie es im Querformat, im Längsformat oder quadratisch sehen. Noch einmal: Auf keinen Fall sollten Sie sich einen Film vorstellen oder gar dreidimensional ablaufende, bewegte Bilder, in denen Sie sich mittendrin befinden.

1.6 – Das Bild selbst eingehend betrachten

Zum Abschluss des ersten Schrittes beschäftigen Sie sich noch einen kleinen Moment mit dem Bild selbst. Malen Sie sich detailliert aus, wie das Papier an der Wand hängt oder von einem Rahmen umschlossen ist. Ist es hinter einem Glas oder wellt sich das Papier etwas? Dabei ist es gleich, was Sie sich vorstellen – tun Sie es nur für einen kleinen Moment ganz konzentriert, so wie der Mann auf dem Bild auf der folgenden Seite.

Blick auf das Bild

Abbildung 2 zu Punkt 1.5

Grafik: R. Krätzig, Grafik in der Grafik (schreiende Frau) stammt aus der Datenbank von Pixabay.com/de/frau-1316256

Achten Sie auch auf solche Kleinigkeiten wie die Aufhängung von Bild oder Papier-Ausdruck. Auch wenn Sie es nicht merken, ist dieser konzentrierte Blick auf das im Geiste vorgestellte Bild Teil der Hypnoseeinleitung. Ganz nebenbei und meist unbemerkt wird gerade eine Trance aufgebaut, die wir im Weiteren brauchen. Außerdem wird das Unbewusste davon abgehalten, sich durch Ablenkung aus dem Prozess herauszustehlen. Stellen Sie sich Ihre unbewusste Psyche ein bisschen wie ein unwilliges Kind vor, welches definitiv nichts Neues lernen will. Als strenger Lehrer ordnen Sie aber an, dass es die Überschrift findet, eine passende Szene dazu auswählt und schließlich auch das Bild sehr genau beschreibt.

Der erste Schritt ist damit abgeschlossen.

Schritt 2 – belastende Gefühle

2.1 – Welche Gefühle werden wach?

Richten Sie Ihre Konzentration jetzt auf den Inhalt des Bildes. Erinnern Sie sich an das Geschehen und die Gefühle, die dieser Vorfall bei Ihnen ausgelöst hat und vielleicht auch jetzt schon wieder auslöst. Aber Achtung! Für Ihr Vorhaben brauchen Sie Ihre belastenden Gefühle nicht in voller Intensität zu erinnern, es reicht, eine Ahnung davon zu haben. Also:

Halten Sie Distanz
und lassen Sie sich nicht von den
Gefühlen mitreißen!

Sie sollen sich an das Geschehen erinnern und eine Ahnung bekommen, welche Gefühle das in Ihnen ausgelöst hatte, bzw. jetzt wieder auslöst. Sie sollen momentan aber nicht vollständig in diese Gefühle eintauchen und vor allem nicht darin untergehen. Behalten Sie so viel Distanz, dass Sie ohne Mühe wieder aus dem belastenden Erleben heraus können. Wenn Sie erst einmal für ein paar Stunden weinen müssen, ist die Distanz zu gering und Sie sind kaum in der Lage, den nächsten Schritt zu tun. Für den FFT-Prozess brauchen Sie nur einen Eindruck von den Gefühlen, die in Ihnen abgelaufen waren. Wenn diese jetzt erneut entstehen, halten Sie sie klein.

Gelingt es nicht, genügend Distanz zu behalten, müssen Sie mit kleinen Tricks arbeiten. Oft hilft es schon, das Bild weiter weg von sich aufzuhängen oder es sich kleiner vorzustellen. Machen Sie es so groß wie eine Briefmarke und machen sich gleichzeitig klar, dass Sie in diesem Moment nicht in der Situation sind, die da abgebildet ist. Wenn auch das nicht reicht, hängen Sie – in der Vorstellung – einen Vorhang davor. Einen, der den direkten Blick verwehrt, wobei Sie aber wissen, dass das belastende Bild noch dahinter hängt.

Sollten Sie sich doch in einem belastenden Gefühl verlieren, besteht Ihre einzige Aufgabe darin, zuerst wieder in einen stabilen inneren Zustand zu kommen. Stabil bedeutet nicht gefühllos: Man kann auch stabil und dabei ziemlich wütend oder traurig oder enttäuscht sein. Wenn Ihnen das nicht mehr gelingt, brechen Sie den Versuch ab, sich jetzt mit diesem Thema zu beschäftigen. Richten Sie Ihre Aufmerksamkeit auf etwas anderes. Etwas, bei dem Sie Ihre volle Konzentration brauchen und sich damit ablenken können. Bei einem zweiten Versuch sollten Sie von vornherein mehr Gefühlsabstand halten.

Die Belastungsskala

Zur Kontrolle sollten Sie versuchen, die Intensität Ihres Erlebens einzuschätzen. Nutzen Sie eine Belastungsskala von 0-10, auf der die 0 dafür steht, dass Sie keine Gefühlsbelastung erleben und die 10 für die höchste Belastung, die Sie sich vorstellen können. Wo befinden Sie sich im Moment? Für unsere Fragestellung sollten Sie anfänglich eine 5 nicht überschreiten. Nur wenn Sie besser geübt sind, geht auch mal mehr.

2.2 – Das eigene Erleben wahrnehmen und benennen

Beschreiben Sie jetzt, was sich in Ihnen abspielt. Was erleben Sie an Gefühlen und Empfindungen? Sind Sie angespannt oder erleben Sie eine Trauer, sind Sie zornig oder enttäuscht? Vor allem kommt es darauf an, zu erfassen, wo und wie Sie was im Körper erleben. Ist es so, als hätten Sie eine Last auf der Brust oder als würde etwas Ihren Hals zuschnüren? Fühlen Sie sich wie aufgezogen oder unter Strom? Ist das Zentrum des Körpergeschehens im Kopf, im Bauch, im Nacken, den Beinen, den Händen? Alles ist möglich, der gesamte Körper kann betroffen sein. Hier brauchen Sie nicht zwischen Gefühlen und Empfindungen zu unterscheiden. Spüren Sie einfach hin und beschreiben Sie, was Ihnen dabei begegnet.

Beispiele:

„Ich bin traurig, mein Brustkorb fühlt sich ganz eng an, so als würde eine schwere Last darauf liegen."

„Es rumort in meinem Bauch, es fühlt sich an, als würde mir alles gleich hochkommen."

„Mein Nacken ist total verspannt, meine Schultern sind steif, dabei halte ich die Luft an."

„In meinem Kopf fühlte es sich ganz leer an, so als könnte ich gar nicht denken."

„Mir fehlt die Orientierung, ich weiß nicht, wo es lang geht, so als würde ich in einem Nebel stehen."

„Mein Herz schmerzt, als würde es von etwas zusammengedrückt werden. Dabei zieht das Gefühl hoch in den Hals, da drin ist es ganz eng."

2.3 – Ein Abbild der Gefühle

Jetzt folgt der schwierigste Schritt. Allerdings ist dies nur bei den ersten Malen der Fall. Hat man das Prinzip erst einmal verstanden, geht es später ganz einfach. Die Aufgabe heißt, jetzt ein Abbild von dem, was Sie in Ihrem Körper erleben, vor sich in den Raum zu stellen. Wenn ich Sie auffordern würde, Ihr Erleben auf ein Blatt Papier zu malen und dazu, die bereitgelegten Farben zu nutzen, hätten viele vermutlich kein Problem damit. Ich gehe aber noch einen Schritt weiter. Ich bitte Sie, Ihr emotionales Erleben in ein dreidimensionales Gebilde zu übersetzen und dieses so in den Raum zu stellen, dass es genau zwischen Ihnen und dem Bild steht.

Ein Abbild der Gefühle

Abbildung 2: Ein Abbild der Gefühle, Grafik: R. Krätzig

Das geschieht allein in Ihrer Vorstellung und dazu brauchen Sie etwas Fantasie. Spüren Sie in sich hinein und formen dann vor Ihrem inneren Auge eine Skulptur, die Ihrem Erleben entspricht. Wenn Sie die Prozesse in sich eher hart und fest erleben, wie zum Beispiel bei einer hohen Anspannung, wird die Skulptur aus hartem Material geformt, also aus Stahl, Beton oder Stein. Ist das Geschehen in Ihnen eher diffus und schwer greifbar, wird auch die Skulptur entsprechend. Vielleicht sind dann Tücher, Wasserinstallationen, Gaswolken oder Nebel die passenden Werkstoffe.

Machen Sie das aber bitte nicht zu genau. Lassen Sie sich nicht dazu verführen, sich in Details zu verlieren. Das ist nicht notwendig, weil Sie diese Projektion Ihrer Gefühle lediglich dafür benötigen, um mit Ihrer unbewussten Psyche zu korrespondieren. Diese weiß aber längst, um was es geht. Wir brauchen es ihr nicht noch lange zu erklären. Das Bild Ihnen gegenüber an der Wand verweist auf die Situation und Ihr Erleben, und Ihre Gefühle sind die Antwort Ihrer Psyche darauf. Im Kopf ist also längst das neuronale Netzwerk aktiviert, welches wir ansprechen wollen. Deshalb reicht auch eine ungefähre Abbildung der Gefühle.

Schauen wir auf ein paar Beispiele:

- Mirko hat eine große Last auf der Brust, das Atmen fällt schwer. Er macht daraus eine große, graue Steinplatte, die aufrecht im Raum steht.

- Uwe erlebt sich hin und her gerissen zwischen Zorn und Trauer. Er stellt eine meterhohe graugrüne Plastik in den Raum, die aus Eisenstangen besteht, die mit Stacheldraht und einem schwarzen Tuch umwickelt sind.

- Ein stechender Schmerz in der Brust wird zu einer roten Lanze, die im Boden steckt.

- Eine Traurigkeit, die vor allem in den Augen spürbar ist, wird zu Wasser in einem großen dunkelgrauen Gefäß.

- Eine Anspannung in Nacken und Schultern wird als stählerne graubraune Ritterrüstung dargestellt.

- Ein kaum greifbares Gefühlsgemisch wird zu einem großen vielfarbigen Bündel verschiedener Materialien visualisiert. Alles zusammengehalten von klebrigen, weißen Spinnfäden.

- Marisa erlebt ein Brennen im Bauch und fühlt sich dabei gleichzeitig verwirrt im Kopf. Sie macht daraus einen großen braunen Topf auf einem Feuer, aus dem giftgrüne Dämpfe heraussteigen, welche die Umgebung vernebeln.

- Eine andere Frau stellt sich eine bräunliche, schleimige und glitschige Masse vor, die sich auf dem Boden ausbreitet, als Abbild für die Übelkeit, die das Geschehen auslöste.

- Ein armdickes dunkelblaues Stahlseil wird als Entsprechung für die erlebte Ausweglosigkeit beschrieben.

- Ein brennendes verknotetes Hanfseil steht für brennende, verknotete Gefühle im Leib.

- Ein großer schwarzer Kasten steht für das Engegefühl in der Brust.

- Eine graue Nebelwolke entsteht als Entsprechung für die eigene Orientierungslosigkeit.

Wichtig! Diese Auflistung ist keine Vorgabe für Ihre Bilder, sondern benennt nur beliebige Beispiele. Jede Person macht ihre eigenen Skulpturen. Ich erlebe selten, dass verschiedene Personen dieselben Bilder benutzen, auch wenn sie ihr Gefühlserleben vergleichbar formulieren. Bei dem einen wird ein Gewicht eher durch das Material Stein abgebildet, bei einem anderen durch Stahl. Der eine übersetzt Ausweglosigkeit in einen Dschungel, der andere in ein Stahlgeflecht, der dritte in einen undurchdringlichen Nebel. Verlassen Sie sich ganz auf Ihre Intuition, beziehungsweise Ihr Gefühl für das, was jetzt gerade stimmig ist.

Beachten Sie lediglich, dass da vor Ihnen ein <u>Abbild</u> der Gefühle entsteht, also nicht die Gefühle selbst aufgebaut werden. Wenn Sie sich in Ihrer Brust eingeengt fühlen, wie von einer Schraubzwinge, dann legen Sie nicht sich selbst in die Mitte, mit einer überdimensionalen Schraubzwinge an Ihrem Körper. Für Sie selbst brauchen Sie ebenfalls eine Übersetzung in einen Gegenstand. Da wäre dann vielleicht ein Stück Holz passend, das von der Schraubzwinge eingeklemmt wird. Wenn Sie für sich selbst eher etwas Weiches suchen, nehmen Sie zum Beispiel ein Kissen und legen es in der Vorstellung unter einen schweren Stein, eine Stahlplatte oder ähnliches.

Regel: In die Mitte kommt nichts lebendiges, sondern nur »tote« Materie. Also auch kein Goldfisch im Glas, keine lebendige Pflanze und erst recht kein herausgerissenes Organ von Ihnen selbst. Das blutende Herz mit einem Nagel darin habe ich öfter als ersten Vorschlag gehört – folgen Sie dieser Idee auf keinen Fall. Für alles lässt sich ein Ersatz finden. Bleiben Sie hier kompromisslos. Wenn Sie diese Regel nicht beachten, scheitert der Vorgang mit großer Wahrscheinlichkeit.

<u>Einfach</u>: Bitte machen Sie es nicht kompliziert. Einfach funktioniert meist besser als eine haargenau herausgearbeitete Abbildung des Gefühls. Investieren Sie hier nicht zu viel Zeit. Geben Sie sich maximal 10 bis 20 Sekunden dafür. Wenn dann noch nichts da ist, fällen Sie einfach eine Entscheidung. So, als würden Sie zu Ihrer unbewussten Psyche sagen: „So, dieses ganze komplexe, belastende Erleben in meinem Körper wird jetzt durch diesen Gegenstand (Kugel, Kasten, Stein, Eimer, Sack, Ballon, …) dargestellt. Das ist jetzt so, weil ich es so bestimme!"

Für eine Patientin von mir war es stimmig, jedes Gefühl

als einen Stoffteddybären zu sehen. In jedem Durchgang war es dann ein anderer, mal klein, mal groß und immer in anderen Farben. Das hat wunderbar funktioniert.

Kreis: Manchmal hilft es, sich noch einen Kreis auf dem Boden um den Gegenstand herum vorzustellen – in meiner Vorstellung hat er etwas mehr einen Meter Durchmesser und ist weiß umrandet. Dieser Kreis dient als Abbild der eigenen Körpergrenzen. Das Abbild der Gefühle steht also mitten drin in der Abbildung der Körpergrenzen.

Probleme?

Wenn Sie Probleme mit dem Schritt 2.3 haben, hilft vielleicht das Folgende: Kehren Sie noch einmal zum Schritt 2.2 zurück. Beschreiben Sie Ihr Gefühlserleben jetzt aber etwas genauer. Normalerweise nehmen wir das Geschehen im Körper diffus wahr und beschreiben es auch nur ungefähr. Jetzt gehen Sie bitte ins Detail. Beschreiben Sie die Vorgänge in Ihrem Körper mit Begriffen von Raum, Material und Farbe und benennen Sie auch Bewegung, innere Dynamik und Zusammenwirken, falls so etwas wahrnehmbar ist.

Raum: Welche räumliche Ausdehnung hat das Gefühl in Ihrem Körper? Ist es ein klar begrenztes Areal oder hat es einen fließenden Übergang in die Umgebung. Ist es eher kugelig oder lang ausgestreckt. Besteht es aus mehreren Strängen oder ist es aus einem Stück?

Material: Fühlt sich diese Region, auf die wir gerade schauen, eher fest oder eher weich an. Denken Sie bitte mal nicht daran, dass das alles aus organischem Gewebe ist (Muskeln, Sehnen, Knochen, Bindegewebe, Organe), sondern vergleichen und beschreiben es mit nichtorganischen Materialien. Welche Beschaffenheit drängt sich da auf: wie die von Gummi, Holz, Wasser, zähem Teig, Sand, Draht oder?

<u>Farbe</u>: Welche Farbe hat das Ganze in Ihrer Vorstellung? Wenn da noch keine Farbe ist, entscheiden Sie sich für eine und stellen sich das farbige Gebilde in Ihrem Körper vor.

Bewegung: Jetzt stellen wir noch die Frage, in welcher Weise sich das Ganze bewegt. Ist es bewegungslos oder pulsiert es? Vielleicht im Takt des Atems, vielleicht zusammen mit dem Herzschlag, vielleicht verändert es sich auch mit jeder Bewegung Ihres Körpers? Welche Zusammenhänge gibt es zwischen dem Geschehen in den verschiedenen Körperregionen? Wirkt das eine auf das andere oder sind die Teile unabhängig und überlagern sich nur im Erleben?

Jetzt sollte Ihnen der Schritt 2.3 leichter gelingen.

Sonderfälle

Manchmal fällt es schwer, die eigenen Gefühle wahrzunehmen. Man weiß, dass da was ist, kann aber nicht dahin durchdringen. Diesen Umstand können Sie auch als Ausgangspunkt für Ihr Gefühlsgebilde nutzen: Die nicht wahrnehmbaren Gefühle werden dann vielleicht durch etwas Verdecktes und/oder Verschlossenes dargestellt. Vielleicht einfach durch einen Vorhang, der Ihnen den Blick versperrt. Das schwer Greifbare vielleicht durch etwas Glitschiges, das sich schwer greifen lässt. Die Gefühle, zu denen Sie nicht vordringen können, werden vielleicht als Nebel dargestellt, der Ihnen den Blick verstellt oder als ein Safe, für den Sie keine Kombination haben.

Wenn alles nichts hilft, geht es manchmal mit einem einfachen Ersatzmittel: Stellen Sie in Ihrer Vorstellung einen geschlossenen Pappkarton vor sich auf den Boden. Darin befindet sich das Abbild Ihres gerade erlebten Gefühls. Es darf auch eine Holzkiste oder jede andere Form von Gefäß sein – auf jeden Fall verschlossen bzw. nicht einsichtig. Ihre unbewusste Psyche weiß ja, um was es geht. Dann arbeiten Sie mit diesem geschlossenen Karton weiter. Nutzen Sie diese Möglichkeit wirklich nur, wenn nichts anderes geht.

Schritt 3 – bewusster Eingriff

3.1 – Das Bewusstsein greift ein

Wenn alles funktioniert hat, befindet sich zwischen Ihrem Bild und Ihnen jetzt die Projektion Ihrer Gefühle: ein dreidimensionales Gebilde aus einem Werkstoff oder einer Mischung von mehreren Materialien. Sie wissen inzwischen, dass die belastenden Gefühle aus ganz anderen Zeiten stammen und in dem gegenwärtigen Konflikt vollkommen unangebracht sind. Deshalb bringen Sie Ihrer unbewussten Psyche bei, jetzt auf diese Gefühle zu verzichten.

Weil die unbewusste Psyche viel besser auf eine klare Bildsprache hört als auf gute Worte, reden wir nicht auf unser Unbewusstes ein, sondern zeigen ihm in einer kleinen Phantasie, was jetzt mit den belastenden Gefühlen geschehen soll. Wir zeigen es, indem das vor uns im Raum stehende Abbild der Gefühle entfernt wird. Es verschwindet – genauso wie gleich darauf die wirklichen Gefühle im Körper. Das ist die Sprache, die von der unbewussten Psyche verstanden wird. Sie kann sich dem nicht entziehen. Wenn das Abbild der Gefühle verschwindet, wird sie auch die Gefühle, für die dieses Abbild gerade steht, entfernen.

Jedes Gebilde braucht eine andere Behandlung. Kalkulieren Sie das ganz bewusst. Es ist okay, sich dabei auch etwas von Ihrem Gefühl oder Ihrer Intuition leiten zu lassen. Manches muss abgebaut oder zerlegt werden, anderes eingeschmolzen, aufgelöst, verbrannt oder einfach weggezaubert werden. Es gibt so viele Lösungen, wie es Probleme gibt, es macht aber auch nichts, wenn immer derselbe Weg gewählt wird. In der obigen Skizze zerlegt ein hilfreicher Baumexperte die schwere Holzkugel mit seiner Kettensäge und nimmt das Holz danach mit.

Das Abbild
der Gefühle
entfernen

Abbildung 3: Das Abbild entfernen, Grafik: R. Krätzig

Die meisten wissen sofort, mit welchen Mitteln das Gefühlsgebilde entfernt werden soll. Manche brauchen Anregungen, brauchen erst den Hinweis darauf, dass wir - in der unbegrenzten Welt der Fantasie - alle Werkzeuge dieser

Erde zur Verfügung haben und auch jede Menge fleißiger Spezialisten darauf wartet, zum Einsatz gerufen zu werden. Wenn da eine riesengroße, sperrige und/oder schwere Gefühlsprojektion steht, greift man eben zu den großen Maschinen und den Spezialwerkzeugen, um etwas zu bewirken. Das, was Ihre bewusste Phantasie vorgibt, wird von der unbewussten Psyche als Anweisung verstanden und die Anweisung ist, dass die belastenden Gefühle ohne Mühe jetzt sofort verschwinden. Auch wenn für den leidenden Teil die Gefühle riesengroß sind und sich das alles ausweglos anfühlt, lassen Sie sich davon nicht beeindrucken. Gehen Sie vollkommen respektlos mit dem Abbild der Leidensgefühle um. Wenn es aus brennbarem Material ist, fackeln Sie es einfach ab. Ist es aus Eisen, wird es mit dem Schweißbrenner zerlegt oder gleich direkt mit einem großen Kran in den Hochofen gehoben. Ein Proband machte es sich noch einfacher, er stellte sich eine Klappe vor, die er mit einem Hebel öffnete und ließ seine stählerne Konstruktion direkt in den Vulkan darunter fallen.

Ein großartiges Hilfsmittel – für fast alle Fälle

Eine Patientin von mir arbeitete mit der Vorstellung eines »Himmelssaugers«. Ein dicker Schlauch wird von oben herunter gefahren, saugt das gesamte Gebilde oder die verbliebenen Reste weg und wandelt das Ganze in den höheren Sphären in pure positive Energie um. Ein sehr schönes Mittel, welches viele gerne aufgreifen.

Gestalten Sie diesen Vorgang möglichst einfach, machen Sie es dennoch sehr genau. Stellen Sie sich detailliert vor, wie der Kran seine Kette am Gefühlsgebilde befestigt und es dann anhebt und zum Hochofen fährt (den Sie sich der Einfachheit halber auch direkt nebenan vorstellen sollten). Wenn Sie etwas verbrennen wollen, geben Sie sich nicht mit einer kleinen Flamme zufrieden. Greifen Sie eher zum Flammenwerfer als zum Feuerzeug. Geht es darum, einen Nebel aufzulösen, mühen Sie sich nicht damit ab, ihn selber wegzupusten, sondern stellen Sie sich lieber eine Flugzeugturbine vor und lassen Sie diese laufen. Denn auch mit dieser Wahl vermitteln Sie Ihrem Unbewussten, das die belastenden Gefühle ganz einfach und mühelos weg gehen. So, als würden Sie Ihrem Unbewussten sagen: „Okay, ich verstehe ja, dass es für dich angemessen erscheint, alles als schwer belastend und ausweglos erscheinen zu lassen. Das war offenbar lange Zeit eine gute Lösung für dich. Ich zeige dir jetzt etwas Neues. Hier, sieh zu, ich löse dieses sperrige Gebilde einfach auf und schaffe es weg. Du machst das jetzt im Körper genauso mit den belastenden Gefühlen!"

Schutzmaßnahmen beachten

Es ist übrigens kein Zufall, dass der Mann auf dem Bild eine komplette, professionelle Schutzkleidung trägt. Vernachlässigen Sie bitte auf keinen Fall notwendige Schutzmaßnahmen. „Wieso", könnte man einwerfen, „das geschieht doch alles nur in der Fantasie, was soll da passieren?" Das ist grundsätzlich wahr, aber es geht darum, der unbewussten Psyche jede Möglichkeit zu nehmen, den Prozess zu boykottieren. Wenn man das Gefühlsgebilde zum Beispiel mit Dynamit sprengt, könnte die unbewusste Psyche den Gedanken aufwerfen, dass diese Sprengung auch die zu nahe stehenden Personen verletzt hat, dass sprengen also keine gute Lösung ist. Man darf die Bereitschaft zum Widerstand und die Listigkeit dieser Seite nicht unterschätzen. Beim allerersten Durchlauf hat man noch wenig davon zu erwarten, aber wenn die unbewusste Seite erst mal mitbekommen hat, dass hier in ihre Systeme eingegriffen wird, muss man sehr genau und manchmal auch sehr bestimmt im Handeln sein.

Wer also mit Sprengstoff hantiert, braucht einen Schutzbunker oder entsprechend dicke Schutzwände. Die kann man auch aus Glas gestalten, um noch zu sehen, was passiert.

Keine innere Diskussion

Zu den Vorsichtsmaßnahmen gehört auch die Vorgabe, dass Sie sich auf keine innere Diskussion darüber einlassen, was Sie jetzt machen oder nicht machen sollten. Machen Sie es einfach! Wenn die leidende Seite Sie doch in eine Sinndiskussion gelockt hat und es Ihnen schwerfällt, den Sinn Ihres Tuns zu belegen, müssen Sie eventuell erstmal Pause machen und sich Argumente aus dem theoretischen Vorlauf holen. Lesen Sie ein paar Seiten dort, erfahren Sie, warum dieser Weg okay ist und machen Sie danach weiter. Ihr Unbewusstes liest dabei mit und Sie müssen es ihm nicht nochmal erklären.

Immer nur einen Schritt durchführen

Zur Vermeidung von Diskussionen hilft auch, den gesamten Prozess streng in seinen einzelnen Schritten zu durchlaufen. Es wird dabei immer nur ein Schritt allein gemacht, in der vorgegebenen Reihenfolge. Die Schritte vorher und nachher interessieren dabei nicht, man konzentriert sich nur auf das, was gerade ansteht. In Schritt 3.1 heißt die Aufgabe also lediglich: Ein intelligenter Mensch, mit Zugriff auf alle Maschinen dieser Erde sowie ein Heer von Hilfskräften, einschließlich Zauberern und deren magischen Mitteln, trifft auf das Abbild der Gefühle. Auch wenn Sie vorher vielleicht in Ihrem Wohnzimmer angefangen haben, nehmen Sie sich die Freiheit, das alles jetzt in einer Umgebung zu sehen, die ideal dafür geeignet ist. Also auf einem Werkhof, neben dem Stahlwerk, auf dem Berg neben dem Vulkanschlot, an einer Steilküste neben dem tiefsten Meer et cetera.

Es geht allein um die Aufgabe, das Abbild der Gefühle aus der Welt zu schaffen. Da das alles im Bereich der Fantasie und ihren unbegrenzten Möglichkeiten stattfindet, sollte diese Aufgabe nicht schwer zu lösen sein. Mit Fragen über Sinn oder Unsinn des Ganzen befasst sich dieser Mensch in diesem Moment überhaupt nicht. Es geht auch nicht um Ökologie, Umweltverschmutzung oder ähnliches. Was nicht ausschließt, dass von manchen Menschen saubere Lösungen bevorzugt werden. Die Idee, ein Schrottgebilde nicht zu vergraben, sondern in den Hochofen zur weiteren Nutzung zu geben, ist manchem angenehmer. Andere wollen ihre steinerne Gefühlslast aber lieber im Meer versenkt sehen, als diese zur weiteren Nutzung im Straßenbau zu zerschreddern.

... erst zerstören?

Manchmal ist da der Impuls, das Abbild erst zerstören zu wollen, vielleicht weil man so lange unter den dazu gehörigen Gefühlen gelitten hat. Das ist vollkommen okay, wenn Sie dabei den eigenen Schutz beachten – wie oben schon angedeutet. Lassen Sie sich aber nicht darauf ein, sich mit unzureichendem Werkzeug an riesigen Gebilden abzuarbeiten. Da hat dann vermutlich schon die unbewusste Psyche die Finger im Spiel und will Sie von Ihrem Tun abhalten. Machen Sie es sich einfach. Nehmen Sie die Abrissbirne eines großen Kranes oder einen Sprengstoffspezialisten zu Hilfe und machen sich auch diesen Akt der Zerstörung ganz einfach.

3.2 - Den Film noch einmal anschauen

Schauen Sie sich in Ihrer Vorstellung noch einmal eine Wiederholung der Szene an, in der Ihr Gefühlsabbild weggeschafft wird. Achten Sie also noch einmal genau auf die Stelle vor sich: Da, wo eben noch das Gefühlsabbild stand, ist Momente später nichts mehr oder sind nur noch Teile, Asche oder andere Reste. Das Gebilde ist nicht mehr intakt oder nicht mehr da. Das ist die entscheidende Information, die in Ihrem Kopf ankommen soll.

3.3 - Kann es so bleiben?

Spüren Sie in sich hinein, ob das jetzt so bleiben kann oder ob noch irgendetwas zu tun ist. Vielleicht muss noch Asche weggefegt werden oder die Teile müssen vom Verschrottungsdienst abgeholt werden. Manche brauchen es, alles in Ordnung zu bringen, andere sind da eher großzügig. Ich empfehle, den Platz, wo das Gefühlsgebilde stand, immer vollständig zu reinigen. Auch das sollte ganz leicht ablaufen. Mühen Sie sich in Ihrer Fantasie nicht selbst auf den Knien mit Eimer und Wischlappen, sondern stellen sich eher eine Putzkolonne vor, die professionell und schnell mit allen Mitteln arbeitet.

3.4 – Drehbühne – zurück ins Hier und Jetzt

Erst wenn alles okay ist, lassen Sie – wie in einem Theater mit Drehbühne – die Szenerie im Off verschwinden. Kehren Sie auch in Ihrer Vorstellung wieder an den Ort zurück, an dem Sie tatsächlich die ganze Zeit sind. Orientieren Sie sich wieder in der realen Wirklichkeit.

Probleme?

Manchmal tauchen Probleme beim Zerlegen oder Auflösen der Gefühlsabbilder auf. Mitunter reicht es, sich einen Ruck zu geben und einfach ein anderes, stärkeres Gegenmittel zu nutzen oder im Zweifel einfach mit magischen Mitteln zu arbeiten. In seltenen Fällen funktioniert das aber auch nicht. Ist das bei Ihnen gerade der Fall, blättern Sie vor zum Abschnitt »Problemfälle«.

Schritt 4 – Status überprüfen

4.1 – Atmen, bewegen und leicht schütteln

Schauen Sie noch nicht gleich wieder auf das Bild, welches Ihnen - in der Vorstellung - noch immer gegenüber hängt oder steht. Vielleicht schließen Sie für einen Moment Ihre Augen und nehmen ganz bewusst einen etwas tieferen Atemzug, atmen wieder aus und bewegen und schütteln sich ein bisschen. Diese Bewegung ist sehr wichtig. Manchmal hält der Körper noch an dem Gefühl fest. Mit Hilfe der kleinen Bewegungssequenz machen Sie das unmöglich. Auch der Körper muss das Gefühl jetzt gehen lassen.

Erst jetzt spüren Sie in sich hinein und erforschen, wie es Ihnen aktuell geht. Sind die Gefühle und das Erleben von eben noch da oder hat sich etwas in Ihnen verändert? Versuchen Sie, so offen wie möglich dafür zu sein, wie es jetzt tatsächlich in Ihnen aussieht. Lassen Sie sich nicht von Erwartungen lenken. Es gibt drei Möglichkeiten zu dem, was sie jetzt vorfinden und wie es danach weitergeht.

4.2 – So geht es weiter - drei Möglichkeiten

Möglichkeit 1

Es ist jetzt keine Belastung mehr da. Sie spüren nichts mehr von den unangenehmen Gefühlen und haben auch zu dem Geschehen keinen negativen Bezug mehr. Sie sind innerlich in Distanz zum Ganzen und erleben dies als Entlastung, Erleichterung oder in irgendeiner anderen positiven Weise.

Wenn es so für Sie ist, konzentrieren Sie sich auf das positive Erleben. Dann legen Sie Ihre Unterarme vor dem Körper über Kreuz und klopfen mit Ihren Händen <u>abwechselnd</u> auf Ihre Oberarme. Links und rechts im Wechsel, etwa 10 bis 20 Mal leicht klopfen.

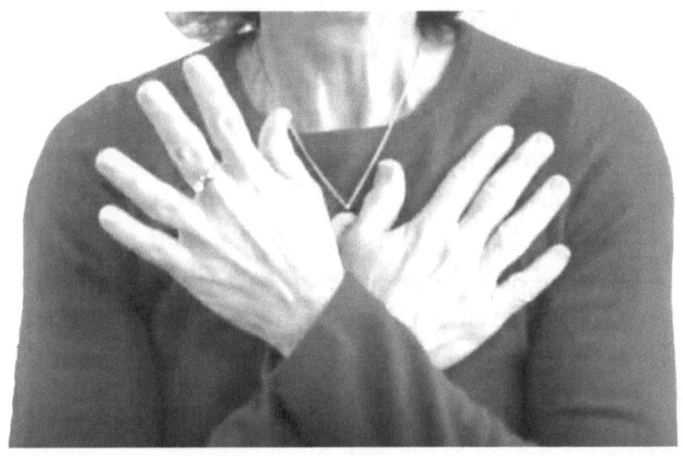

Abbildung 4, Links–Rechts–Stimulation, Foto: R. Krätzig

Vielleicht fällt Ihnen auch noch eine Überschrift für das positive Gefühl ein, so etwas wie: »Ich fühle mich stark«, »Ich stehe aufrecht«, »Ich kann mich auf mein Gefühl verlassen« oder ähnliches. Nehmen Sie nicht einen beliebigen positiven Satz, sondern finden einen, der zu dem Gefühl und der bearbeiteten Situation passt. Den meisten fällt das nicht schwer, die Worte kommen einfach. Haben Sie Ihren Satz, klopfen Sie noch eine Runde (10 bis 20 Mal) mit dem Satz im Kopf und dem Blick innerlich auf das gute Gefühl gerichtet. Sollte gerade kein Satz entstehen, machen Sie sich keinen Druck, sondern bleiben einfach bei Ihrem guten Gefühl und klopfen noch eine Runde. Sie können übrigens solange weiter klopfen, wie es Ihnen gefällt. Manchmal löst das Klopfen noch eine Vertiefung des guten Erlebens aus.

Dieses Klopfen ist kein leeres Ritual. Durch das abwechselnde Klopfen wird das Gehirn angeregt, zwischen den zwei Hirnhälften hin und her zu schalten. Dadurch wird das Erleben des guten Gefühls (rechte Hirnhälfte) und des dazu gedachten oder ausgesprochenen Satzes (linke Gehirnhälfte) intensiviert. Die positive Erfahrung wird dichter und besser und tiefer aufgenommen.

Möglichkeit 2

Das eben noch lastende Gefühl ist deutlich weniger, aber nicht vollkommen verschwunden. Sie empfinden dennoch eine Entlastung oder Erleichterung, fühlen sich befreit oder ähnlich positiv – auch wenn klar ist, dass da noch Reste des Negativempfindens sind.

Wenn das bei Ihnen so ist, konzentrieren Sie sich für einen Moment ausschließlich auf das positive Erleben. Dann legen Sie Ihre Unterarme vor dem Körper über Kreuz und klopfen mit Ihren Händen abwechselnd auf Ihre Oberarme. Links und rechts im Wechsel, etwa 10 bis 20 Mal leicht klopfen.

Da noch innere Lasten da sind, geht es danach, wie für die Möglichkeit 3 beschrieben, weiter.

Manchmal kann man dieses Beklopfen der positiven Zwischenergebnisse nicht durchführen, weil die noch vorhandenen belastenden Gefühle sich zu sehr aufdrängen. Dann kämpfen Sie bitte auch nicht dagegen an, sondern machen sofort weiter, wie für Möglichkeit 3 beschrieben.

Möglichkeit 3

Sie erleben immer noch eine deutliche emotionale Belastung. Vielleicht ähnlich wie vorher, vielleicht verschieden, aber in jedem Fall ist da noch einiges.

In diesem Fall geht der Prozess sofort in die nächste Runde. Dass nach der ersten Runde schon alle Lasten weg sind, kommt öfter vor, aber ebenso oft braucht es mehrere Durchläufe bis zu einem guten Abschluss. Wer also jetzt noch Lasten erlebt, sei beruhigt. Ihr Ziel werden Sie noch erreichen, aber dazu müssen Sie den Durchlauf noch einmal oder eventuell auch öfter machen. Die Arbeit geht weiter und zwar bei Schritt 2. Das Bild haben Sie ja schon und das bleibt bis zur Auflösung der Belastung dasselbe. Im Unterschied zum ersten Durchlauf werden Sie jetzt aber in sich ein anderes Gefühl ausmachen, als vorher. Auch wenn es sich vielleicht ähnlich wie vorher anfühlt, werden Sie bei genauer Betrachtung Unterschiede feststellen. Die »Farbe« des Gefühls hat sich leicht geändert und/oder der Ort im Körper ist etwas verschoben. Auch die räumliche Ausbreitung der Empfindungen kann anders sein. Manchmal nur ganz leicht, manchmal deutlich unterschieden. Nur in sehr seltenen Fällen ist es in der zweiten oder einer folgenden Runde noch komplett dasselbe Gefühl wie vorher. Tritt dieses Phänomen auf, sollte es als Hinweis darauf verstanden werden, dass Fehler gemacht wurden oder ein Schritt zu ungenau abgearbeitet wurde. Legen Sie also Wert auf die Unterschiede. Lassen Sie sich nicht darauf ein, wenn Ihnen Ihre unbewusste Psyche vorgaukeln möchte, dass das Gefühl von vorhin jetzt immer noch genauso da ist wie vorher. Das wäre nämlich ein gutes Argument Ihrer Psyche dafür, dass FFT keinen Sinn macht, so als würde sie sagen: „Lass doch am besten alles so wie es ist, aus dem schlechten Gefühl gibt es einfach keinen Ausweg." Aber es ist nicht dasselbe Gefühl, es ist ein anderes, eine andere Schicht in Ihrem Körper, ein anderer Aspekt, ein anderer Blickwinkel.

Schicht um Schicht

Gefühle sind ein komplexes Geschehen, die ihnen zugrunde liegenden Emotionen finden an verschiedenen Stellen im Körper statt. Jeder Aspekt, jeder Winkel des Körpers kann dabei betroffen sein. Manches wird stärker empfunden als anderes, was dazu führt, dass manche Empfindungen im Körper zunächst durch andere überdeckt sind und erst zum Vorschein kommen, wenn die intensiveren Empfindungen bearbeitet wurden. Die Arbeit findet daher oft in mehreren Schichten statt. Keine der Schichten ist dabei weniger wichtig als die anderen. Sie sind alle Teil desselben Geschehens, ausgelöst durch die aktuelle Last.

In der Abbildung auf der folgenden Seite sind 5 Orte im Körper betroffen. Als erstes wird von dem Mann ein Kloß im Hals (1) benannt. In der zweiten Runde berichtet er über eine Last auf der Brust (2), danach über eine Hitze im Bauch (3), eine Enge im Kopf (4) und zum Schluss über ein Gefühl in der Herzgegend, als wäre das Herz eingeklemmt. Am Ende der fünf Durchläufe erlebt er eine Erleichterung in allen fünf Regionen und darüber hinaus.

Sollte sich also in einer Fortsetzungsrunde Ihr Gefühl und das dazu gehörige körperliche Empfinden noch ähnlich wie im Schritt vorher anfühlen, werden Sie dennoch, vermutlich ganz von allein, eine leicht andere Farbe für die Gefühlsskulptur verwenden und auch in Größe, Form und Material zumindest leichte Unterschiede zu der Skulptur des vorherigen Durchlaufs machen. Nehmen Sie diese Unterschiede wahr und machen sich klar (bzw. Ihrer unbewussten Psyche), dass das jetzt nicht dieselbe Skulptur ist wie vorher. Die vorherige wurde vernichtet oder zumindest weggeschafft. Die vorherige kommt nicht wieder! Wie bereits gesagt, legen Sie nicht dieselbe Projektion zweimal vor sich hin, damit würden Sie die Arbeit boykottieren. Ihre unbewusste Psyche hätte gewonnen mit ihrer Behauptung, dass man da eben nichts machen kann, es keine Lösung gibt und alles Bemühen vergeblich ist.

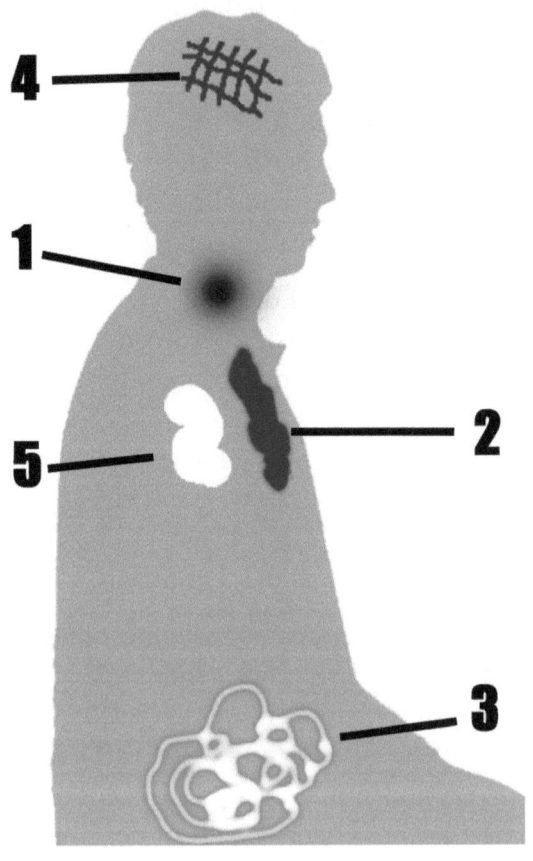

Abbildung 5 - Verschiedene Schichten, Grafik: R. Krätzig

Warum brauchen die einen nur einen Durchgang und andere mehrere? Das hängt davon ab, wie sehr die Person durch das Geschehen belastet ist. Wenn gerade grundlegende Themen dieses Menschen, wie sein Lebensthema, (was das ist, wird im Wissensteil erklärt) berührt sind, wird die Belastung deutlich größer ausfallen und tiefer gehen, als wenn einen etwas nur beiläufig betrifft. Weil die Wenigsten genau wissen, an welchen Stellen sie besonders leicht verwundbar sind, macht es wenig Sinn, darüber nachzudenken. Es bleibt nur übrig, einfach solange weiterzumachen, bis sich alle belastenden Gefühle aufgelöst haben oder man mit dem verbliebenen Rest auskommen kann. Man darf in dieser Methode auch Pausen machen oder auch einfach mal keine Lust mehr haben und aufhören.

4.3 - Nicht übertreiben

Also, für die einen geht es jetzt weiter bei Schritt 2, die anderen gehen zum abschließenden Schritt 5. Sollten Sie jetzt aber schon zum fünften Mal an dieser Stelle gelandet sein und immer noch emotionale Lasten in sich haben, empfehle ich, jetzt eine Unterbrechung zu machen. Machen Sie eine kleine oder eine größere Pause, nachdem Sie den Schritt 5 absolviert haben. Wenn es für Sie aber vollkommen okay ist, jetzt weiter zu machen, dann machen Sie einfach weiter – ich gebe hier nur eine Empfehlung, es ist keine Vorschrift. Stimmt eine Pause für Sie, dann gestalten Sie diese ganz nach Ihren Bedürfnissen. Das reicht von einer wenige Minuten währenden (etwas trinken, auf die Toilette gehen) Auszeit bis hin zur mehrtägigen oder mehrwöchigen Unterbrechung, mit mehr oder weniger normalem Tagesgeschehen. Manchmal ist das Thema nach einer Unterbrechung nicht mehr greifbar, weil in der Pause noch etwas »nachgereift« ist, manchmal kann man ohne weiteres an das letzte Gefühl ankoppeln und genau dort weitermachen.

Schritt 5 – Abschluss

Sie sind jetzt hier, weil der ein- oder mehrfache Durchlauf der Feel-Free-Technik

- alle emotionalen Lasten aufgelöst hat oder

- Sie mit dem verbleibenden Rest klarkommen oder

- Sie jetzt eine Pause machen sollten oder

- Sie einfach keine Lust mehr haben.

Ganz gleich, was Sie hierher geführt hat, allen stellt sich dieselbe Aufgabe: Setzen Sie einen klaren Schlusspunkt. Hören Sie nicht einfach auf und gehen Ihrem Tagewerk nach. Scheinbar wäre dann die Aufgabe zu Ende, aber gedanklich sind Sie vielleicht noch mittendrin. Es könnte sein, dass Ihre unbewusste Psyche noch in Zuhörerhaltung ist und aus dem, was im Anschluss folgt, eventuell eine Fortsetzung der Lernsituation macht. Ein paar falsche Gedanken und alles eben Gelernte wird vielleicht wieder aufgelöst.

Deshalb brauchen wir ein klares Ende. Dazu gehört, dass Sie das in Ihrer Vorstellung noch aufgehängte Bild im Geiste abhängen. Wollen Sie später noch weitermachen, legen Sie es gedanklich zur Seite. Vielleicht in einen fantasierten Raum, den Sie nicht zufällig betreten werden, sondern nur, wenn Sie absichtsvoll weiter machen wollen. Brauchen Sie das Bild nicht mehr, weil die Szene abschließend bearbeitet ist, entsorgen Sie es. Das gehört noch zu der Lernaufgabe für das Unbewusste dazu. Als würden Sie zu ihm sagen: „So, du hast jetzt verstanden, wie du ab heute mit diesem Thema umgehen wirst. Deshalb brauchen wir das Bild auch nicht mehr. Also, weg damit!"

Fallbeispiele:

Sie brauchen noch Anregungen oder wollen einmal erfahren, was andere mit FFT bearbeiten? Es folgen einige Beispiele aus meinem Praxisalltag. Alle haben so stattgefunden, nur die Namen wurden geändert.

Beispiel 1

Vivian ist genervt von den Wutausbrüchen ihres Mannes. Aus kleinstem Anlass heraus fängt er an zu schreien, schlägt dann Türen, greift sie verbal an und wirft ihr dabei immer wieder vor, ihm nicht das zu geben, was er braucht. Jeden Wutausbruch erlebt sie als erneutes Scheitern all ihrer Versuche, etwas verlässliche Harmonie in die Familie zu bringen.

Sie hängt ein Bild an die Wand, auf dem ihr Mann gerade angefangen hat, wütend und laut zu reden. Das erste Gefühl ist eine Enge im Hals und ein Knoten im Bauch. Sie benennt das Gefühl als pure Wut und skizziert zwei graue Kugeln aus einem harten Material vor sich auf den Boden. Eine sieht sie etwas dunkler und etwa einen halben Meter hoch (sie zeigt die Größe mit den Händen), die zweite liegt auf der anderen oben auf und ist etwas heller und etwas kleiner. Beide sind aus Beton.

Ein kräftiger Helfer mit einem großen Hammer zerschlägt beide zu Krümeln und weiter zu Staub. Ein hinzu gedachter Windstoß weht diesen einfach weg. Schnell ist von den Kugeln nichts mehr zu ahnen.

In der zweiten Runde spürt Vivian einen Druck in der Brust, eine Enge im Hals und auch eine Enge im Bereich der Stirn. Alles zusammen erlebt sie wie eine schwere Platte aus Stahl, die sie dann auch gleich vor sich im Raum stehen sieht. Jetzt lässt sie einen Kran anrollen, der die Platte in einen nahestehenden, aktiven Vulkan versenkt. Die Vorstellung, dass sich die Platte in der Magma auflöst, erlebt sie als beruhigend. Dieses Erleben beklopft sie eine Runde (ca. 20 Klopfer links und rechts im Wechsel auf ihre Oberarme).

Da ist aber noch immer eine deutliche Last! Im Magen spürt sie eine brennende Hitze, die sie dann auch gleich als lodernde Flamme vor sich flackern sieht. Mit einem großen Schaumlöscher wird sie von Helfern gelöscht und der Schaum danach mit viel Wasser weggespült. Dann kommt noch eine Putzkolonne, die alles trocken wischt. Jetzt geht es ihr deutlich besser, was sie mit einer Runde Klopfen (links rechts) unterstreicht. Zum Schluss kommt ihr der Gedanke, dass ihr Mann reagiert, als wäre er überfordert. Ihr fällt auf, dass sie ihn noch nie gefragt hatte, warum er so laut wird. Sie hatte sich immer gleich in Streitereien mit ihm verheddert. Sie nimmt sich vor, mit ihm – ganz friedlich - zu reden.

Beispiel 2

Silke kommt aktuell mit ihrem Partner nicht klar. Gegenwärtiges Konfliktthema ist die Handynutzung der elfjährigen gemeinsamen Tochter. Silke hat entdeckt, dass sich das Mädchen viel zu freizügig und naiv im Netz präsentiert. Sie sieht die Gefahr, dass diese Informationen zulasten der Tochter verwendet werden und diese im Extremfall auch Opfer eines Mobbings werden könnte. Deshalb wirkt sie auf die Tochter ein, ihre Internetpräsenz deutlich zu verändern. Gleichzeitig richtet der Partner von Silke für das Mädchen eine Seite ein, auf der sie sich noch viel umfassender präsentieren und dabei auch Filme von sich erstellen und einstellen kann. Die Bitte von Silke an ihren Partner, dies zurückzunehmen und sie in ihrer Haltung zu unterstützen, tut er mit einer genervten Geste ab.

Mit FFT brauchen wir drei Durchläufe, um einen entspannten Blick auf die Situation zu bekommen. Sie benutzt ein Bild ihres Partners - in dem Moment festgehalten, als er vermeintlich ‹cool› vor ihr steht und genervt abwinkt.

Im ersten Durchgang erlebt sie eine große Wut im ganzen Körper. Diese wird zu einer grau-schwarzen Säule aus einer Art Keramik. Ein Kran mit Abrissbirne zerschlägt die Säule und verbliebene größere Stücke, bis alles klein ist. Die Reste werden von Helfern weggefegt. Der erneute Blick auf das Bild ruft eine starke Traurigkeit hervor. Sie spürt im Herzen eine Last, es scheint davon vollkommen umschlossen. In der Projektion wird daraus ein großer hellgrauer Felsen. So groß, dass sie sich zunächst nicht vorstellen kann, dass man diesen bewegen kann. Aber es gibt auch riesengroße Baumaschinen, für die es eine Kleinigkeit ist, so einen Felsen wegzuschieben. Weil sie auch keine Idee hat, was mit diesem Felsen geschehen soll, greift sie meinen Vorschlag auf, diesen an der nahen Küste tief im Meer zu versenken. Wieder erlebt sie einen kleinen Moment der Entlastung, um im nächsten Moment aber eine im ganzen Körper gespürte Wertlosigkeit zu erleben. Diese wird zu einem großen, unförmigen (eher rundlich), grauen Gebilde, das aus einem steinartigen Material besteht. Mit einer großen Maschine, die Steine zersägen kann, wird dieses Gebilde erst quer halbiert und dann in schmale Scheiben zerschnitten. Diese Scheiben zerschlägt sie selbst im Anschluss noch mit einem großen Hammer. Die Reste werden mit einer großen Baumaschine aus dem Blickfeld geschoben. Jetzt fühlt sie sich im ganzen Körper leicht. Dies beklopft sie (links rechts an ihren Oberarmen ca. 20 Mal) und formuliert dazu noch den Satz: „Jetzt ist endlich Ruhe."

Beispiel 3

Eric leidet darunter, dass seine Freundin Brit ihn offenbar selten versteht. Sie ist dabei schnell beleidigt und entsprechend aufgebracht. Trotz aller Bemühungen, sich verständlich zu machen, erreicht er oft das Gegenteil und verärgert sie, „Ganz gleich, wie sehr ich mich bemühe, meine Worte auf die Goldwaage zu legen." Seine Anstrengungen erlebt er wie eine schwere Last, die er als Felsen vor sich in den Raum stellt. Ein Felsen, der so groß ist, dass er selbst „den nie bewegen könnte." Für einen großen Bagger ist es dagegen spielend leicht. Der kommt und lädt den Stein auf einen Lkw, der diesen abtransportiert. In einem zweiten Durchlauf erlebt er eine Mischung aus vorsichtiger Kritik an seiner Freundin, gemischt mit einer Angst, wieder das Falsche zu sagen. Er übersetzt diese Gefühlsmischung in eine Feder, die gerne sanft zu Boden sinken würde, aber immer weiter hin und her bewegt wird, weil die herrschenden Winde zu stark sind. Die Lösung ist einfach, er macht einfach alle umliegenden Türen und Fenster zu, so dass der Wind aufhört und die Feder in Ruhe zu Boden sinken kann. Dort sinkt sie in den Boden, löst sich auf und wird zu Dünger für das Gras.

In einem dritten Durchgang taucht noch ein Zweifel auf - wie schaffe ich einen anderen Umgang mit ihr -, den er als Kribbeln im Bereich des Kopfes und der Oberarme spürt. Dieses Kribbeln übersetzt er in einen Bienenschwarm, der an einem Ast hängt. Eine sehr passende Übersetzung für den, bei ihm sehr vielschichtig auftauchenden, Zweifel an sich selbst. Jetzt muss ein professioneller Imker kommen, der den Bienenschwarm in einen entsprechenden Kasten verfrachtet und damit davongeht.

Aufmerksame Leser haben vermutlich bemerkt, dass hier gegen die Grundregel verstoßen wurde, für die Gefühlsprojektion niemals lebende Wesen zu verwenden. Ich hatte es leider auch erst zu spät bemerkt. Aber in diesem Fall war es okay, weil die Lösung mit dem Imker nicht erforderte, dass lebendige Wesen vernichtet werden müssen, um eine Lösung zu erreichen.

Beispiel 4 – Probleme in der Familie

Sabine wagt es nicht, ihren Sohn um Hilfe zu bitten. Der würde dann immer so aggressiv werden. Wir schauen auf ein Bild des Sohnes, auf dem er deutlich macht, dass er seine eigenen Belange für wichtiger als alles andere hält. Im ersten Schritt erlebt sie ein ätzendes Rumoren im Magen und sie hält die Luft an. Beides übersetzt sie in eine grüne schwere Masse, die glitschig ist und als großer Haufen vor ihr im Raum liegt. Diese Masse wird mit einem starken Sauger abgepumpt. Dabei gibt es Probleme, der erste Sauger ist nach kurzer Zeit verstopft. Also wählen wir einen größeren Sauger und unterstützen den Absaugvorgang zusätzlich mit einer Wasserspülung aus einem dicken Schlauch. Nach kurzer Zeit ist alles frei. Danach fühlt sie im Bereich ihres Herzens eine Enge. Diese wird zu einem Stück Holz, das von einem großen schmutzigen Schraubstock eingeklemmt ist. Ein kräftiger Mann kommt, dreht den Schraubstock auf und nimmt beides mit. Damit ist diese Szene ebenfalls abgeschlossen. Danach – im dritten Durchgang - kommt ein Gefühl von Enttäuschung. Im Körper erlebt sie es irgendwo zwischen Herz und Kopf. Sie übersetzt es in einen grauen düsteren Nebel. Wenn man in diesen hineingerät, wird man orientierungslos herumstapfen und nicht mehr herausfinden. Mit einem Lichtstrahl wird der Nebel zuerst zerschnitten und danach mit Wärme aus einer großen Turbine aufgelöst. Nach diesem Schritt fühlt sie sich leichter, jetzt ist nur noch ein Druck in der Brust da, wieder in der Region des Herzens.

Diesen gestaltet sie als einen großen Stein, wie man ihn am Strand der Ostsee vorfindet. Zur Lösung trägt ein Helfer den Stein auf ein Boot, fährt hinaus aufs Wasser und versenkt ihn an einer tiefen Stelle.

Der verbleibende leichte Druck ist für sie okay. „Das ist doch angemessen dafür, dass man sich nicht traut, seinen eigenen Sohn um Entlastung zu bitten. Den behalte ich."

Beispiel 5 – aus der Arbeitswelt

«Ich werde nur ausgenutzt», sagt Susan, mit Blick auf ihre Kollegen. Immer wieder lässt sie sich dazu überreden, Aufgaben für andere zu übernehmen, für frischen Kaffee zu sorgen, und sich auch immer wieder mal mit den Sorgen anderer auseinanderzusetzen. Auf ihrem Bild ist es Kollege Bernd, dem sie gerade Kaffee einschenkt. Zu diesem Bild gehört auch die Erinnerung, dass Bernd sie Momente später am Kopierer beiseite gedrängt hatte. In einem ersten Durchgang erlebt sie eine Enge im Hals, die sie als rostiges, kugeliges Metallgebilde vor sich in den Raum stellt. Mit einer großen Flamme wird das Metall eingeschmolzen und die wieder fest gewordene Metallpfütze über einen Rand aus dem Sichtfeld geschoben.

Danach spürt sie eine Anspannung in sich, verursacht durch zwei konkurrierende Anliegen. Da ist auf der einen Seite ihr Wunsch, anderen zu gefallen und sich deshalb zurückzunehmen und freundlich zu bleiben. Damit konkurriert ihr Ärger über die Ignoranz des Kollegen. Aus der Gefühlsmischung entsteht eine Figur eines Maulwurfs, der eine Karre zieht und eine Blume in einer Pfote hält. Alles ist aus rostigen Metallblechen zusammengezimmert, wirkt alt und abgewrackt. Im nächsten Schritt wird alles von einer Walze plattgedrückt und danach ebenfalls über den Rand aus dem

Blickfeld geschoben. Jetzt geht es ihr gut. In ihrer Vorstellung geht sie ganz entspannt und ruhig in die Szene am Kopierer, stellt Bernd zur Rede, und lässt ihn lächelnd bei der nächsten Kaffeerunde aus.

Beispiel 6 – aus der Arbeitswelt - FFT mit Hindernissen

Leons Problem ist die arrogante Haltung eines Kollegen ihm gegenüber. Auf dem Bild sieht er das Gesicht des Kollegen in typischer, hochnäsiger Mimik. Als Gefühlsantwort benennt er, ein Loch im Bauch zu spüren. Eine Leere, in der seine Energie verschwindet und die er schlüssig auch als Loch im Boden vor sich wiedergibt. Seine ersten Versuche, dieses Loch zu füllen, scheitern, weil es sich wieder auftut, nachdem der als Füllstoff verwendete Sand ebenfalls hineingezogen ist. Offenbar gibt es unter der Oberfläche einen riesigen Hohlraum, der alles verschlingt, was zum Stopfen verwendet wird. Das Loch im Boden ist nur der Zugang dazu. Wir brauchen hier also nicht nur ein paar Schubkarren Füllmaterial, sondern müssen in ganz anderen Dimensionen denken. Eine große Stahlplatte als Verschluss des Loches wird erwogen, dann aber abgelehnt, weil das Loch darunter dann immer noch da ist – für ihn nicht sicher genug. Wir bestellen also eine ganze Armada von Lastwagen, die gut gefüllt mit Flüssigbeton anmarschieren. Einer nach dem anderen versenkt seine Ladung in der Tiefe und schließlich ist das Loch geschlossen. Damit das nicht zu lange dauert, lassen wir den Film im Zeitraffer laufen.

Hier hätte man auch mit magischen Mitteln antworten können und zum Beispiel mit Zauberkraft den ganzen Untergrund füllen können. Einfaches Prinzip: Wenn die Psyche sagt, dass die Last große Dimensionen hat, arbeiten wir als Antwort mit noch größeren Ausmaßen. Wenn auch das nicht reicht, müssen wir noch einmal neu auf das Ganze schauen. Irgendetwas Wichtiges haben wir dann vermutlich übersehen oder nicht hinreichend beachtet.

Beispiel 7 - mit einer interessanten Variation der Technik

Die Eifersucht von Heike gegenüber der Ex ihrer Beziehungspartnerin ist ein schwieriges Thema. Schon vier Ebenen haben wir mit der Feel-Free-Technik bearbeitet. Im fünften Durchlauf erlebt sie im ganzen Körper eine Unruhe und ein unangenehmes Prickeln. Sie visualisiert dies als ein Bündel von vielfarbigen Luftballons, die im nächsten Schritt entknotet werden und davonfliegen. Sie erlebt Erleichterung. Aber da sind immer noch belastende Gefühle im Körper. Weil ihr die Methode inzwischen so vertraut ist und bei ihr die einzelnen Schritte blitzschnell aufeinander folgen, fasst sie die drei ersten Schritte der Technik zusammen. Jetzt schließt sie die Augen, spürt in sich hinein und stellt sich vor, wie die noch verbliebenen Gefühle direkt im Körper in Luftballons verwandelt werden und dann, einer nach dem anderen, aus ihrem Körper heraustreten und davonfliegen. Sie genießt es, sich so ganz einfach und direkt zu entlasten. Das eine oder andere Gefühl wird nicht zu einem Luftballon, sondern zu verschiedenfarbigen Kugeln, die aus dem Körper herausfallen und auf dem schrägen Boden davonrollen. Nach einigen Minuten erlebt sie sich als vollkommen gereinigt.

WENN ETWAS NICHT FUNKTIONIERT

In jedem einzelnen Schritt kann es manchmal schwierig werden.

Probleme in Schritt 1

Beim Schritt 1 fällt es manchem schwer, aus einer Fülle von Ereignissen und Situationen einen Moment herauszugreifen und als Bezugspunkt festzulegen. Vielleicht aus Angst, nicht genau die entscheidende Situation zu treffen und sich mit Nebenaspekten herumzuschlagen, während das Wichtigste unberührt bleibt. Hier heißt die Aufgabe, eine Entscheidung zu treffen. Sollte tatsächlich nicht der zentrale Punkt erwischt worden sein, kann man nachher immer noch damit weiter arbeiten.

Nehmen Sie die Überschrift, die Sie in Punkt 1.1 für das anzugehende Problem ausgewählt hatten, als Orientierung für das Finden eines dazu passenden Geschehens. Heißt die Überschrift zum Beispiel: »Mein Freund hört mir nicht zu«, dann suchen Sie eine Erfahrung aus, die für diesen Satz ein gutes Beispiel ist, also eine Szene, in der Ihnen Ihr Freund nicht zugehört hatte. Sollte dieses Geschehen etwas länger gedauert haben, suchen Sie nach dem Moment, der Sie am meisten belastet hatte. Jetzt kommt noch die Frage, aus welchem Blickwinkel man diesen Moment am besten erfassen kann. Es muss nicht immer das sein, was Sie selbst durch Ihre Augen gesehen haben. Manchmal ist es hilfreich, aus einem ganz anderen Blickwinkel auf die Szene zu schauen.

Probleme in Schritt 2

Der Schritt 2 ist für manche kinderleicht, für andere ein

echtes Problem. Nicht jeder ist es gewohnt, in sich hinein zu horchen, sein Empfinden im Körper zu erspüren und zu benennen. Manchen fällt es leichter, Worte für ihre Gefühle zu finden, als die dazugehörigen Regionen und die Prozesse darin im Körper ausfindig zu machen. Hier hilft nur, regelmäßig zu üben. Wer seine Gefühle nur denkt, aber nicht ihre körperliche Entsprechung spürt, kann mit der hier vorgestellten Technik kaum erfolgreich sein. Also denken Sie nicht, sondern spüren Sie.

Auch im Kopf kann man Empfindungen haben. Vieles kann dort wahrgenommen werden und ebenfalls als Arbeitsmaterial für unser Anliegen dienen, es muss nur detailliert betrachtet werden. Fühlt sich der Kopf an, als ob er gleich platzt, weil (gefühlt) von außen Druck ausgeübt wird oder drückt etwas von innen nach außen? Wo genau wird die Leere im Kopf gespürt, wo der Schwindel, das Gedankengewitter oder das Dröhnen im Schädel? Erlebt man das Gefühl eher als etwas kompaktes, hartes oder weiches Geschehen? Ist es diffus oder klar umrissen und welche Farbe könnte man ihm zuordnen? Diese Genauigkeit ist wichtig, damit die Projektion der Gefühle nach außen gut gelingt. Mit dem genauen Erfassen bereiten wir auch die unbewusste Psyche auf die kommende Umstrukturierung vor.

Probleme in Schritt 3

Beim Schritt 3 wehrt sich manchmal etwas gegen das Auflösen der Gefühlsprojektion. Die eingesetzten Maschinen versagen oder die Flammen, die es verzehren sollen, haben keine Kraft und verlöschen. Gehen Sie darüber nicht mit Gewalt hinweg. Hier kann es sein, dass Ihr Unbewusstes nicht versteht, was Sie von ihm wollen und Gegenargumente hat, die zumindest gehört werden sollten.

a) Wenn das Grundthema ein Konflikt in einer Partnerschaft ist, taucht öfter das Argument auf, dass man die Gefühle in Bezug auf den anderen nicht einfach wegmachen sollte, weil sie doch zu der Beziehung dazugehören und im Miteinander geklärt werden müssen. Hier hilft das Argument, dass wir mit der vorliegenden Methode einer Klärung nicht im Weg stehen. Wir entfernen nur das Gefangen sein in Gefühlen, die unsere unbewusste Psyche hinzugesteuert hat, annehmend, dass diese Gefühle jetzt angemessen seien. Meist sind diese Gefühle aber alles andere als angemessen. Sie erzeugen nur Leid und werden jeglichen Versuch einer Klärung vereiteln, wenn wir nicht eingreifen. Lesen sie ruhig im theoretischen Anhang einmal nach, warum das so ist. Oder glauben Sie mir einfach und versichern Ihrer zögernden Seite, dass Sie nur etwas wegnehmen, was überhaupt nicht hierher gehört.

b) Manchmal wehrt sich die unbewusste Psyche, weil sie nicht versteht, dass nur belastende und störende Emotionen beseitigt werden sollen. Sie wehrt sich, weil sie befürchtet, die gesamten Gefühle zum Gegenüber auflösen zu sollen, also auch die positiven, liebevollen etc. Hier braucht es mehr Klarheit. Manchmal reicht es, diesen Fakt einfach nur zu denken: Alles okay, ich will nur die Lasten loswerden, der Rest bleibt erhalten! Besser wäre aber, diese Botschaft auch auf der Bildebene zu transportieren. Stellen Sie also neben die Projektion der negativen Gefühle ein Symbol, das für die positiven Aspekte Ihrer Partnerschaft/Freundschaft/Beziehung steht und welches auf keinen Fall berührt werden soll. Manche stellen eine Blume in sicherer Entfernung daneben, andere stellen sich ein Band vor, das sie und das Gegenüber miteinander verbindet. Dabei läuft das Band weit außen herum, in großem Abstand von dem Abbild der negativen Gefühle. Wenn die Skulptur dann abgebaut, weggefahren oder zerlegt wird, sollte man immer darauf achten, dass das positive Band unberührt bleibt.

Probleme in Schritt 4

Beim Schritt 4 geht es vorrangig um die Entscheidung, eine weitere Runde anzuschließen oder die Arbeit zu beenden. Wer noch eine deutliche emotionale Last spürt, wird vermutlich ohne zu zögern mit Schritt 2 weitermachen. Problematisch wird es erst, wenn die verbliebenen Gefühle nicht mehr so schwer wiegen. Froh, aus dem Gröbsten draußen zu sein, tendieren viele dazu, zu schnell abzuschließen. Dies ist verständlich, wenn man das Ziel von FFT vor allem darin sieht, sich etwas abzuregen und emotional runterzukommen. FFT ist aber mehr als ein Beruhigungsmittel. Man kann der eigenen Psyche etwas beibringen, zum Beispiel, auf ähnliche Situationen wie die gerade bearbeitete zukünftig nicht mehr mit belastenden Gefühlen zu reagieren. Dazu lohnt es sich, eher noch die eine oder andere Runde mehr zu drehen, um noch versteckte negative Emotionen aufzuspüren und zu bearbeiten.

Insbesondere wenn sich noch keine wirklich positiven Gefühle eingestellt haben, sollte man erneut auf das Bild schauen, auch wenn zunächst keine Belastung mehr gegeben scheint. Fahren Sie bei dem erneuten Blick auf Ihr Befinden die Empfindlichkeit Ihrer Sinne mehr und mehr hoch. Oft können Sie so noch Belastendes entdecken und häufig sind diese Entdeckungen auch wirklich wesentlich. Da taucht dann noch ein Gekränkt sein auf oder ein Zorn über erlebte Ungerechtigkeit, eine kaum greifbare Anspannung irgendwo im Körper oder andere klare oder diffuse Empfindungen. Greifen Sie diese auf und spielen Sie die Schritte damit durch. Meist lohnt sich diese Extraarbeit. Die Qualität des guten Gefühls am Ende ist deutlich besser und liefert oft den nachträglichen Beleg dafür, dass wirklich noch etwas fehlte.

Das Beklopfen des positiven Erlebens nach Schritt 3 wird oft sehr kurz gehalten oder sogar völlig übergangen. Ich versichere Ihnen, dass dieses Klopfen etwas bewirkt und für die positive Wirkung von FFT mitverantwortlich ist. Lassen Sie es daher nicht aus. Jedes positive Ergebnis - und sei es noch so klein - sollte beklopft werden. Dazu legen Sie Ihre Unterarme vor dem Körper über Kreuz und klopfen mit Ihren Händen abwechselnd auf Ihre Oberarme, während Sie zum positiven Erleben hin spüren. Links und rechts im Wechsel, etwa 10 bis 20 Mal leicht klopfen. Machen Sie es nur dann nicht, wenn ein belastendes Gefühl es nicht zulässt. Dann machen Sie sofort mit Schritt 2 weiter.

Probleme in Schritt 5

Beim Schritt 5 kann es leicht passieren, dass man den Abschluss vergisst, aus dem gerade erreichten guten Gefühl heraus einfach aufsteht und sich wieder dem Tagewerk zuwendet. Hier besteht die Gefahr, dass die unbewusste Psyche weiter in einem Zustand verbleibt, in dem sie offen ist für neue Anweisungen. Das ist so ähnlich, als würde man eine in Trance versetzte Person am Ende der Behandlung nicht wieder aus der Trance zurückholen. Sollte Sie kurz danach Ihr Chef zusammenstauchen, würde das tiefer in Ihre Person dringen, als es Ihnen lieb ist. Um hier vorzubeugen, betreiben Sie den Abschluss sehr genau. Hängen Sie das Bild ab, vernichten es oder legen es beiseite für eventuelle spätere Durchgänge. Schließen Sie das Ganze mit einem bewussten Atemzug ab, bewegen und dehnen sich vielleicht noch ein bisschen, um auch dem Körper klarzumachen, dass jetzt etwas abgeschlossen ist, und wenden sich erst dann den kommenden Aufgaben zu.

Ich kann mir das nicht vorstellen ...

Sollten Sie Schwierigkeiten damit haben, sich die Bilder und Szenen vor Ihrem inneren Auge vorstellen zu können, kann das zwei Ursachen haben. Vielleicht sind Sie einfach nur nicht darin geübt, dann kann ein bisschen Training weiterhelfen. Auf der Webseite von Heike Thormann[1] finden Sie zum Beispiel ein kleines Trainingsprogramm.

Es kann aber auch daran liegen, dass das Sehen nicht Ihr bevorzugter Sinneskanal ist. Das bedeutet, dass ein anderer Sinneskanal besser entwickelt ist und deswegen auch häufiger benutzt wird.

Was für ein Wahrnehmungstyp sind Sie?

Jeder Mensch verfügt anders über seine Sinne. Der eine hört weniger, sieht aber wie ein Adler, der andere ist hellhörig wie ein Luchs, nimmt aber seinen Körper wenig differenziert wahr. Es hat sich bewährt, bei den Übungen vor allem die bevorzugten beziehungsweise stärksten Sinneskanäle zu nutzen. Wenn Sie die Aufgaben entsprechend anpassen, machen Sie sich den Einstieg leichter. Sie müssen nur herausfinden, wo der eigene Sinnes-Schwerpunkt liegt.

Bei dieser Suche hilft es, zu wissen, dass sich der bevorzugte Wahrnehmungskanal nicht nur auf den sinnlichen Input auswirkt, sondern auch darauf, wie die Person spricht und denkt. Jemand, der besonders mit dem Hören vertraut ist, erlebt zum Beispiel die belastende Menschenfülle im Bahnhof anders als der, der vorrangig sieht. Der Hörende spricht von: „Das ist mir hier zu laut", „Da möchte ich mir die Ohren zuhalten" oder „Es klingt wie ein Orkan." Einer

---

1 http://www.kreativesdenken.com/artikel/vorstellungskraft.html

mit einer Präferenz auf dem Sehen spricht davon, dass es hier zu voll ist, zu viele Menschen da sind und zu wenig Platz ist. Einer, der vorrangig fühlt, berichtet von den Körperempfindungen oder Bewegungsqualitäten, die ihn gerade beschäftigen: „Ich kriege hier keine Luft mehr", „Mir zieht sich alles zusammen" oder „Ich möchte am liebsten wegrennen."

Sie brauchen sich also nur selbst ein wenig zuzuhören, um Ihren bevorzugten Sinn zu erschließen. Mit einem Begleiter geht es einfacher, für einen aufmerksamen Zuhörer ist das ein leichtes Unterfangen. Sie können auch im Internet schauen, nicht nur auf dieser Webseite[2] gibt es leicht verständliche Hinweise, um den eigenen Wahrnehmungstyp zu erschließen.

Wenn jemand einen bestimmten Sinneskanal bevorzugt, bedeutet dies nicht, dass die anderen Kanäle deshalb schlecht ausgebildet sind. Der bevorzugte Kanal eignet sich aber hervorragend als Einstieg in eine Sinnesübung. Wenn Sie wissen, was für ein Wahrnehmungstyp Sie sind, können Sie sich den Einstieg dadurch erleichtern, dass Sie sich zuerst auf Ihren bevorzugten Kanal konzentrieren. Der Hörende erinnert sich an eine Melodie, der Schmeckende an einen Geschmack, der Fühlende spürt seinen Körper und so weiter.

Bei Schritt 1, wo man sich einen Schnappschuss von der belastenden Szene vorstellen und diesen vor sich an die Wand hängen soll, könnten Sie – wenn Sie ein Hörtyp sind – zuerst einmal die Geräusche in Ihrer Erinnerung aufrufen, die zu der belastenden Szene dazu gehören. Erst danach gehen Sie über zu dem Bild. Das funktioniert dann deutlich leichter. Für Menschen mit anderer Sinnespräferenz gilt dann entsprechend, zuerst den bevorzugten Sinneskanal anzusprechen, zum Beispiel erst einmal die Nase »reinzuhalten" und

---

2 http://www.topos-online.at/html-texte/wahrtyp.htm

sich an die Gerüche der Situation zu erinnern oder an das, was sich in Ihrem Körper abgespielt hatte. Bei den folgenden Schritten der Feel-Free-Technik gilt dann das Gleiche. Es ist zwar etwas aufwendiger, aber mit Hilfe dieser Zwischenschritte gewinnen Sie die Möglichkeit, auf Ihr eigenes Unbewusstes einzuwirken.

Es wäre auch okay, zum Beispiel in Schritt 2 und 3 vollkommen auf Ihrem eigenen Sinneskanal zu bleiben. So könnten Sie Ihre wahrgenommenen Gefühle auch als eine Klangwolke oder einen Geruch in den Raum vor sich projizieren und diese Abbildung dann entfernen. Vielleicht wird ein unangenehmer Klang vom Wind weggepustet oder durch einen angenehmen übertönt und aufgelöst. Nehmen Sie sich jede Freiheit bei diesen Experimenten. Entscheidend ist, dass Sie mit Ihrem Bewusstsein über irgendeinen Sinneskanal deutlich machen, dass die belastenden Gefühle in Ihrem Körper jetzt und hier nichts zu suchen haben. Welchen Sinneskanal Sie dabei benutzen, ist vollkommen egal.

Ergänzungen und Gegenanzeigen

1. Die Feel-Free-Technik ist recht einfach und sehr wirkungsvoll. Wenn man sie einige Male durchgespielt hat, kann es passieren, dass man etwas den Respekt davor verliert und vielleicht damit anfängt, sie auch mal zwischendurch - sozusagen im Vorbeilaufen - anzuwenden. Ich möchte davor warnen. Die Umgestaltung der eigenen Person, das Neulernen eines anderen Umganges mit belastenden Momenten, verdient es, einen angemessenen Rahmen zu bekommen. Dazu brauchen Sie keinen speziellen Therapieraum, sondern lediglich die Möglichkeit, sich hinreichend konzentrieren zu können. Für einen Moment sollte gewährleistet sein, dass Sie niemand anspricht, Sie kein Telefonklingeln herausreißt und auch im Hintergrund keine Musik und kein Fernseher oder anderes läuft, was immer wieder einen Teil Ihrer Aufmerksamkeit abzieht. Weil die Methode mit einiger Übung oft nur wenige Minuten benötigt, sollten diese Mindestanforderungen machbar sein.

2. Die Methode ist so beschrieben, dass man sie auch alleine durchführen kann. Sollten Sie aber die Möglichkeit haben, diese Arbeit gemeinsam mit einem Freund, Kollegen oder Partner durchzuführen, funktioniert es oft leichter und das Ergebnis ist eventuell auch besser. Die Mitwirkung einer zweiten Person kann auch dabei helfen, Fehler im Ablauf zu vermeiden und sich nicht selbst zu boykottieren.

3. FFT stammt aus der Psychotherapie. Dort wird sie als effektives Werkzeug unter anderem in der Traumatherapie benutzt. Man kann damit einiges bewirken und auch tief gehende Umstrukturierungen erreichen. Dazu braucht man aber nicht nur diese Methode, sondern auch einen professionell geschulten Therapeuten. Erwarten Sie nicht, ohne einen

solchen Fachmann sich selbst oder einen anderen therapieren zu können.

Woran können Sie erkennen, dass Sie sich auf unsicherem Boden bewegen? Es ist ganz einfach: Wenn die Methode nicht wirkt, auch wenn Sie glauben, alles genau nach Vorschrift gemacht zu haben. Dann hat Ihre unbewusste Psyche so starke Argumente gegen die gewünschten Veränderungen, dass Ihnen auch die hier vorliegende Technik nichts nutzt. Weil das Scheitern aber manchmal daran liegt, dass man irgendetwas übersehen oder einen kleinen Fehler eingebaut hat, sollten Sie es ruhig – am besten zu einem späteren Zeitpunkt - noch einmal versuchen. Haben Sie es zuerst allein probiert, könnte es auch helfen, jetzt jemanden zu Hilfe zu holen. Nehmen Sie aber bitte nicht die Person, mit der Sie gerade ein Problem klären wollen. Das wäre eine Überforderung für alle Beteiligten. Wenn Sie gerade angefangen haben, mit der Methode zu arbeiten, war das gewählte Problem vielleicht auch eine Nummer zu groß. Machen Sie erste Erfahrungen bitte mit ganz kleinen Lasten. Auf Ihrer subjektiven Belastungsskala nicht größer als 4-5 (von 10).

Vergleichbare Techniken

FFT ist nicht der einzige Weg, um auf die eigene unbewusste Psyche einzuwirken. Bei leichten Belastungen reicht es manchmal schon aus, zu sich selbst zu sagen, dass alles in Ordnung ist und es sich gerade nicht lohnt, in ein belastendes Gefühl einzusteigen. Es kann auch helfen, für einen Moment mal die Luft anzuhalten und damit den körperlichen Prozessen, also den Empfindungen, »die Luft abzudrehen«. Auch die Ablenkung auf ein ganz anderes Thema kann manchmal hilfreich sein.

In der Psychotherapie haben die Ansätze der Energetischen Psychotherapie (EFT, MET und andere) eine ähnliche Wirkung und sie sind auch sehr direkt und ohne Umstände einsetzbar. Diese Behandlungstechniken werden auch als Klopfakupressur bezeichnet und bewirken durch das Beklopfen von Akupunkturpunkten eine sofortige innere Umstellung. Bei vielen wirkt diese Technik großartig, aber - und das gilt für alle Ansätze - nicht bei allen.

In vielen Bereichen, in denen es um die Beeinflussung der Psyche geht, wird ebenfalls mit Visualisierung, also mit Bildern gearbeitet. So werden im Hochleistungssport, bei der Wissensvermittlung ebenso wie in der Psychotherapie häufig innere Bilder genutzt. Die Bilderflut der Werbung dient demselben Zweck.

TEIL 3 - ANDERE WEGE ZUM GLÜCK

FFT ist ein großartiges Werkzeug zur Selbststeuerung. Weil es daneben auch viele andere Möglichkeiten gibt, auf die eigene Person und die eigene Partnerschaft positiv einzuwirken, folgt jetzt noch ein weiteres Kapitel mit einer kleinen Auswahl, mit der Sie ebenfalls etwas zur Veränderung beitragen können.

NUTZEN SIE IHR WISSEN

Wenn Sie von Anfang an gelesen haben, verfügen Sie inzwischen über einiges an Wissen über mögliche Ursachen von Partnerschaftsproblemen. Es kann Ihnen helfen, die richtigen Schlüsse zu ziehen und angemessen mit den entstandenen Problemen umzugehen. Nutzen Sie dieses Wissen. Zusammengefasst auf einen Satz heißt die wichtigste Aufgabe:

Misstrauen Sie Ihren schlechten Gefühlen

Erinnern Sie sich? Unangenehme Begegnungen mit dem oder der Liebsten entstehen meist, weil einer oder beide gerade auf Verhaltensmuster aus ihrer Kindheit zurückgreifen. Nicht irgendwelche Muster, sondern ausgerechnet solche, die in den schwierigsten Momenten der ersten Lebensjahre entstanden waren. Diese Muster verstellen den Blick auf die tatsächliche Wirklichkeit, in diesem Moment kann man nicht mehr sehen, dass der andere nicht die Ursache für die eigene

Anspannung ist. Auch wenn nur einer damit anfängt - meist ist Stress der Auslöser - steigt der andere schnell mit ein, sobald dessen empfindliche Bereiche (Lebensthema) berührt werden. Innerhalb einer Partnerschaft ist das blitzschnell der Fall. Konflikte, Spannungen und/oder Streitereien, die sich daraus ergeben, führen niemals zu einer Verbesserung der Situation. Sie bestätigen lediglich die alten Muster – die aber mit der Gegenwart nichts zu tun haben und diese nur stören. Streitereien dieser Art machen aber viel kaputt, sie zerstören die Liebe, jedes Mal ein kleines Stück. Sie sollten also nicht zu oft passieren.

Konflikte gehören zu einer Paarbeziehung dazu

Sie passieren aber immer wieder, vermutlich auch einfach deshalb, weil sich zwei Menschen so nahe kommen. Jeder Mensch ist einmalig, das heißt aber auch anders als alle anderen. Jeder sieht die Welt aus seinem Blickwinkel, übersetzt das Geschehen auf seine eigene Weise. Zwangsläufig entstehen auch Spannungen und Dissonanzen.

Bedenken Sie, dass beide Partner aus unterschiedlichen Familien stammen, verschiedene Lebenserfahrungen gemacht haben und zu den meisten Problemen des Alltags auch verschiedene Lösungen mitbringen. Außerdem haben - in den meisten Partnerschaften - beide Beteiligten ein anderes Geschlecht, schauen damit auch grundsätzlich anders auf die Welt. Allerdings sind auch homosexuelle Paare nicht viel besser dran. Jeder Mensch ist eben ein Individuum, also einmalig und damit anders als der Beziehungspartner, auch wenn der dasselbe Geschlecht hat.

Wichtig ist auch, dass beide in ihrer Vergangenheit ähnliche Lasten erlitten haben. In meiner Terminologie heißt das, dass beide ein ähnliches Lebensthema haben – ich habe das im ersten Kapitel erzählt. Gemeint ist: Hat einer der Partner in der Kindheit unter zu wenig Beachtung gelitten, war das wahrscheinlich auch beim anderen so. Das führt zu einer besonderen Empfindlichkeit im Miteinander. Ist bei einem das Lebensthema berührt, kann der andere schwer gelassen bleiben, weil er selber gerade mit dem (Belastungs-)Thema seines Lebens konfrontiert wird. Keiner bleibt ruhig, wenn das der Fall ist.

Wenn man das alles berücksichtigt, wird klar, dass Konflikte beinahe zwangsläufig entstehen. Man kann ihnen nicht entkommen und sie sind auch kein Beweis für eine falsche Partnerwahl. Hier ist also auch etwas Geduld und Akzeptanz erforderlich. Die Frage ist nur, wie man damit umgeht. Die oberste Regel heißt:

Nicht verführen lassen.

Wenn es dann doch wieder mal passiert, dass beide sich miteinander verstricken, vertiefen Sie die Krise nicht durch weitere Worte oder Taten. Abbrechen, unterbrechen, auseinander gehen heißt die Aufgabe. Jeder muss für sich allein (oder mit unbeteiligten Dritten) dafür sorgen, aus dieser Stimmung herauszukommen. Erst danach trifft man sich wieder und verhandelt miteinander. Sollte man sich dann wieder in Streitereien verhaken, geht man erneut auseinander.

Das schafft man aber nur, wenn man sich rechtzeitig daran erinnern kann, dass die gerade hoch drängenden Gefühle und Gedanken keine Wahrheit verkünden. Sie sind viel eher die Folge eines Irrtums. Glauben Sie diesem Geschehen nicht und geben Sie ihm keine Unterstützung. Auch wenn sich die eigene Verletztheit, die Empörung, Wut, Trauer oder andere Gefühle gerade sehr stark, dringend und wahrhaftig anfühlen, folgen Sie dem dennoch nicht, sondern versuchen Sie, auf kurzem Wege wieder herauszukommen.

Die ersten Momente

Hier sind vor allem die ersten Momente besonders wichtig. Wenn sich gerade erst ein negatives Gefühl in Ihnen regt, haben Sie noch am meisten Chancen, etwas zu verändern. Hier sind Ihre eigenen Gedanken Ihr stärkstes Mittel. Der wichtigste Auftrag lautet, den aufkommenden Gedanken keine Unterstützung zu geben. Halten Sie eher dagegen, denken Sie dagegen an: Halt, Stopp, nur ein Irrtum, nur ein Missverständnis, das wird sich alles aufklären. Vielleicht auch: alles ist okay, kein Grund zur Panik, kein Grund, sich aufzuregen. Geben Sie eine Erklärung für das gerade ablaufende Geschehen, die deutlich macht, dass Sie gerade nur als Zuschauer an etwas beteiligt sind, was nichts über Sie selbst aussagt.

Ist zum Beispiel Ihre Freundin gerade ausgeflippt, weil der Mülleimer noch voll dasteht und zählt Sie massiv an: „Du faule …, du machst hier nie was, alles muss ich alleine machen …" Auf den in Ihnen hochkommenden Schwall von Wut müssen Sie sofort reagieren. Er darf nicht als Beweis für einen feindlichen Angriff verstanden, sondern muss vollkommen anders beantwortet und erklärt werden. Denken Sie jetzt zum Beispiel: Klar werde ich sauer, wenn die mich so anredet, aber die redet gerade so, weil sie im Stress ist – das hat mir mir nichts tun, hat mit mir überhaupt nichts zu tun. Vielleicht atmen Sie noch einmal kräftig aus und sagen dann zu ihr: „Komm, es ist alles okay, es geht nur um den Mülleimer – gib her, mache ich jetzt."

Atmen und zählen

In solchen Momenten, wenn die negativen Gefühle gerade anfangen, sich zu entfalten, helfen auch ganz einfache Mittel, wie: von 10-1 herunterzählen oder kräftig ausatmen. Ausatmen entspannt den Körper, während man ausatmet, kann man nicht in einen angespannten Zustand rutschen.

Wenn ein Ausatmen nicht reicht, gestalten Sie eine Reihe von bewussten Atemzügen, bei denen jedes Ausatmen länger ist als das Einatmen davor.

Sie können auch noch mehr Konzentration auf den Atem richten, indem Sie einen ganzen Atemzyklus inklusive Atemstopp gestalten. Ich kenne dies aus dem Yoga: Atmen Sie kurz ein, halten einen Moment die Luft an und atmen danach länger aus, als Sie eingeatmet haben. Wenn Sie innerlich mitzählen, zählen Sie beim Einatmen bis vier, halten die Luft vielleicht etwa bis sechs an und atmen dann ca. 6-7 Zählzeiten oder noch länger wieder aus. Die Zahlen dürfen auch etwas anders sein, nur das Ausatmen soll länger sein als das Einatmen.

Sollte das alles nicht helfen und Sie trotzdem wieder in die belastenden Gefühle abgerutscht sein, bleibt nur eine Aufgabe:

Emotionsgeladenen Konflikt sofort abbrechen.

Wenn die schlechten Gefühle als innere Orientierung nicht dienlich sind, ist auch die gerade laufende Auseinandersetzung nicht sinnvoll. Die Probleme und Themen, die gerade der Streitgegenstand sind, können und sollten in der aufgeheizten Stimmung nicht weiter bearbeitet werden. Erst wenn wieder ein ruhiges Miteinander herrscht, macht es überhaupt Sinn, nach einer Lösung dafür zu suchen. Manche Probleme sind dann allerdings überhaupt nicht mehr da.

Vorher absprechen

Selbst wenn beide um die in einer Krise ablaufenden psychischen Mechanismen wissen, kann es schwierig werden, eine eskalierende Situation zu unterbrechen. Weil das aber unerlässlich ist, macht es Sinn, das Ganze vorzubereiten. Am besten wäre es, schon lange vor dem nächsten Konflikt miteinander abzusprechen, wie man die Konfliktunterbrechung gestalten sollte. Tauschen Sie sich also im Vorfeld darüber aus, wie die Unterbrechung eines Konfliktes ablaufen kann. Sprechen Sie darüber, wie viel Zeit jeder braucht und verständigen Sie sich auch auf einen Ort und andere relevante Bedingungen für die nächste Begegnung. Vielleicht vereinbaren Sie ein Codewort für den Konfliktfall, das dem anderen signalisiert: »Bis hierhin und nicht weiter.« Nennt also einer das Codewort, gehen beide in der vereinbarten Weise auseinander.

Haben Sie sich gemäß den vereinbarten »Spielregeln« räumlich getrennt, hat jeder für sich die Aufgabe, aus seinen Kind-Verhaltensmustern wieder heraus zu finden. Viele Menschen wissen ganz gut, was sie brauchen und was geschehen muss, um in so einer Situation klarzukommen und sich wieder neu zu ordnen. Die einen gehen spazieren, die anderen zentrieren sich durch Arbeit, dritte suchen den Kontakt zu Freunden, wieder andere beruhigen sich durch Sport. Ich empfehle auf jeden Fall, auch einen Durchgang mit der Feel-Free-Technik zu machen.

Finden Sie erst wieder zusammen, wenn sich beide einigermaßen beruhigt haben und wieder klar im Kopf sind. Vielleicht hilft es Ihnen, die Begegnung mit etwas Positivem anzufangen, um sich wieder an das Potenzial der Beziehung zu erinnern. Wenn Sie beispielsweise gerne zusammen spazieren gehen, bietet es sich an, so etwas zu verabreden. Man könnte auch einen Ritus aufbauen, in welchem Sie damit anzufangen, sich gegenseitig zu sagen, was Sie gut aneinander finden und wieso diese Beziehung für Sie wichtig ist.

Manchmal ist es für einen von beiden aber schwer auszuhalten, sich ausgerechnet in diesem belasteten Zustand vom anderen zu trennen, wie in dem folgenden Fall:

Beispiel

Karla wird immer noch wütender und verzweifelter, wenn sich ihr Partner Carlo in einem Streit plötzlich abwendet und das Zimmer mit den Worten verlässt, dass das jetzt doch keinen Sinn mehr macht. Sein Weggehen macht den erlebten Schmerz noch intensiver und treibt sie noch weiter in ihre Verhaltens- und Denkmuster aus der Kindheit hinein. Zusätzlich zu dem Stress durch die gerade herrschende Disharmonie fühlt sie sich jetzt auch noch verlassen.

Karla und Carlo stecken in einer Falle. Denn wenn sich Carlo entschließt, Karla beizustehen, also da zu bleiben, wird der gerade herrschende Streit weiter lodern. Geht er weg, rutscht Karla noch tiefer in ihre Not. Wenn genügend Zeit zur Vorbereitung da ist, sollte sich Karla zunächst die Feel-Free-Technik aneignen, um diese sofort einsetzen zu können. Es könnte auch sehr dienlich sein, ihren Schlüssel zur Psyche zu finden (diesen finden Sie im zweiten Band dieser Buchreihe) und damit täglich zu üben. Wenn sie das eine Weile gemacht hat, wird sie Carlos Weggehen im Streitfall weit weniger belastend erleben. Wenn sie dann noch einen Durchgang mit der Feel-Free-Technik macht, kann sie schnell hinreichende Distanz und inneren Frieden finden.

Wenn FFT und Schlüssel zur Psyche aber noch nicht zur

Verfügung stehen, braucht Karla Übergangslösungen. Eine könnte sein, eine andere Person einzubeziehen. Diese sollte idealerweise vorher instruiert werden. Bei Karla kommt ihre Freundin Betty in Frage. Telefonieren kann schon ausreichend sein, WhatsApp oder ähnliche schriftliche Austauschmöglichkeiten bieten etwas zu wenig Gefühlsqualität und sollten allenfalls für die Kontaktherstellung benutzt werden.

So könnte dieses Telefonat ablaufen:

Karla hat Betty angerufen: „Hilf mir mal, ich bin gerade im Streit mit Carlo und fühle mich völlig verlassen!" Betty weiß sofort Bescheid. Sie hat die Anweisung, Karla erst mal zu zuhören: „Erzähl mal, was ist los?" Dabei soll sie einen kurzen Moment ganz verständnisvoll sein, aber bei der ersten Gelegenheit Karla auf ein ganz anderes Thema umlenken. Sie soll mit ihr über Erinnerungen reden, in denen Karla von Menschen umgeben ist, die sie mögen und mit denen sie sich richtig wohlfühlt.

Warum? Weil Karla durch diese Erinnerung den inneren Stress, der durch den Streit und das Weggehen von Carlo ausgelöst wurde, auf kürzestem Wege auflösen kann. Sie holt sich das vor Augen, was sie als Kind in den Situationen, in denen sie sich allein gefühlt hatte, gebraucht hätte. Woher kommt diese Information? Ganz einfach, wir haben Karla nur gefragt, was sie in der Situation, als Carlo gerade wütend das Zimmer verlassen hatte, gebraucht hätte. Ihre Antwort: „Dass jemand da ist, der mich versteht und mit mir spricht." Auf die Gegenfrage, wo sie das denn zuletzt erlebt hatte, hat sie von der netten Begegnung mit ihren Freunden geredet.

Sich selbst in der Verantwortung sehen

Es gibt noch eine weitere wichtige Information, die man kennen sollte, wenn man grundsätzlich und langfristig Frieden in das Miteinander bringen will. Sie lautet wie folgt:

> Für die Befriedigung der eigenen unerfüllten Kindheitswünsche ist nicht der Partner zuständig, sondern jeder selber.

Unbewusst delegieren beide diese Aufgabe an ihr Gegenüber. Gerne wird dabei der Partner zum Nachfolger der eigenen Eltern gemacht. Was diese nicht konnten, soll er bzw. sie jetzt geben. Tatsächlich muss jeder aber zunächst selber lernen, das Fehlende in das eigene Leben zu bringen. Wie das geht? Genauer werden wir das im nächsten Band, dem Teil 2 dieser kleinen Buchreihe betrachten, der sich vorrangig mit dem »Schlüssel zur Psyche" beschäftigt. Denn dieser Schlüssel hat allein die Aufgabe, genau das bereitzustellen, was damals fehlte. Damit werden die Kindheitsthemen endlich gelöst.

WAS MAN NOCH TUN KANN

Zwiegespräche

Ich möchte Ihnen ein Selbsthilfekonzept nahe bringen, welches bereits im letzten Jahrtausend von Michael Lukas Moeller (2002†) entwickelt wurde. Es heißt "Zwiegespräche" und besteht darin, dass Sie mit Ihrem Partner regelmäßig Gespräche in einer genau definierten Weise führen. Die Standarddauer beträgt 90 Minuten, sie darf individuell variiert werden, sollte aber 60 Minuten nicht unterschreiten.

Diese Gespräche sind keine gewöhnlichen Gespräche. Es gibt keine Fragen, keine Ratschläge, keine Vorwürfe, keine Interpretationen, keine Abwertungen, keine Verallgemeinerungen. Zwiegespräche sind ganz bewusst keine Dialoge, sondern wechselseitige Monologe. Jeder spricht 15 Minuten und hört dann 15 Minuten zu. Bei weniger als 90 Minuten sind die Zeitabschnitte entsprechend kürzer.

Jeder berichtet, wie er sich selbst, den anderen und die gemeinsame Beziehung erlebt und sollte dabei nur über sich selbst und so konkret wie möglich sprechen.

Zwiegespräche sind dabei primär keine Beziehungsgespräche. Ihr eigentliches Thema ist nicht die Beziehung, sondern die erlebte Wirklichkeit und Wahrheit des einen und des anderen. Daraus ergibt sich dann auch, dass die Beziehung ebenfalls zum Thema wird, weil sie ja zu einem wichtigen Aspekt der Wirklichkeit von beiden gehört.

Hinter der Idee zu den Zwiegesprächen steckt die Erkenntnis, dass der Austausch in einer Partnerschaft oft sehr reduziert ist, man nur über Banales redet und jeder wesentliche Gedanken nur in sich selbst bewegt. Das, was man über sich selbst, das eigene Leben, eigene Wünsche, Ziele und eigenes Wollen und auch über das Miteinander und die Probleme und Chancen der Partnerschaft denkt, bleibt so verborgen. Gänzlich anders war es bei den meisten in den ersten Wochen und Monaten der Beziehung. In der Zeit des Kennenlernens wurde gefragt und erzählt und nachgefragt. Jahre später findet das nicht mehr statt und so weiß man kaum noch etwas über die innere Bewegung im anderen. Entfremdung schleicht sich ein – irgendwann versteht man manches nicht mehr oder irrt sich nur noch über den anderen, weil man nur eigene Gedanken als Bezugspunkt hat und nicht die Gedankenfülle des anderen.

Zwiegespräche sind übrigens kein Wundermittel zur Bewältigung von Beziehungskrisen. Sie dienen dem langfristigen Wachstum der Beteiligten und somit auch der Entwicklung der Beziehung, aber sie sind kein Reparaturwerkzeug, wie zum Beispiel FFT.

Bei der Durchführung von Zwiegesprächen ist einiges zu beachten.

Zuhören[3]:

Als Zuhörer darf ich keine Fragen stellen, mit Ausnahme von Verständnisfragen. Ich darf den Redenden auch nicht unterbrechen, egal wie sehr es mich dazu drängt, etwas dazu zu sagen. Selbst wenn ich vor Wut kochen sollte oder vor Schuldgefühlen eingehe, sage ich als Zuhörer nichts, bis der andere fertig ist. Einzige Ausnahme: Wenn der Sprechende eine Regelverletzung begeht (z.B. Vorwürfe äußert), weist der Zuhörer schlicht darauf hin. Auf diese Weise 15 Minuten zuzuhören, ist sehr ungewohnt, aber auch sehr lehrreich

---

3   Vgl. Gruben, Sebastian, Dr. med., dessen Webseite über Zwiegespräche

und nützlich: Das übliche eingeschliffene Pingpong wird dadurch unterbunden. Ich lerne, mir einfach in aller Ruhe anzuhören, was der andere mir erzählen will.

Dabei erweist es sich als unschätzbarer Vorteil, dass ich keine Antwort vorbereiten muss. Gewöhnlich sind wir beim Zuhören nach kürzester Zeit weitgehend damit ausgelastet, uns eine geeignete Antwort zurechtzulegen, und spätestens dann hören wir nicht mehr hin. Wie wunderbar, sich beim Zuhören wieder und wieder daran erinnern zu dürfen: Ich brauche nichts, aber auch gar nichts dazu zu sagen. Und mir wird hier – soweit der andere das schon beherrscht – kein Vorwurf gemacht.

Sprechen:

Für die meisten ist es vermutlich ungewohnt, beim Sprechen bei sich zu bleiben, also in sogenannten Ich-Botschaften zu kommunizieren. Damit ist gemeint, dass ich von dem rede, was ich empfunden und wie ich das Geschehen erlebt habe. Die Aufgabe heißt, nicht über den anderen und dessen Handlungen zu reden, sondern lediglich über das, was dieses Handeln für mich bedeutet hat. Das heißt, dass ich als Sprecher vermeiden sollte, Ratschläge, Vorwürfe, Interpretationen und allgemeine Aussagen zu machen. Das ist nicht ganz einfach und wird am Anfang vermutlich auch nicht durchgängig gelingen. Dazu ein paar Beispiele[4]:

„Ich glaube, es wäre gut, wenn du mehr mit unserer Tochter spielen würdest" ist ein Ratschlag. Eine Ich-Botschaft wäre: „Ich glaube, unsere Tochter braucht zur Zeit viel Zuwendung und mich belastet der Gedanke, dass sie zu kurz kommen könnte. Ich wünsche mir dann oft, dass du mehr mit ihr spielst."

---

4   Beispiele ebenfalls von Gruben, S., siehe vorherige Anmerkung

„Nie hilfst du im Haushalt!" ist ein fetter, unverhüllter Vorwurf. „Ich muss im Haushalt immer alles alleine machen" ist ein ebenso fetter, leicht verschleierter Vorwurf. „Ich bin dauernd erschöpft von der vielen Hausarbeit, die ich ganz alleine machen muss" ist ein schon ziemlich gekonnt verschleierter Vorwurf. Die Wörtchen nie, immer, alles und nichts leiten Verallgemeinerungen ein und sind ziemlich sichere Anzeichen: Hier kommt ein Vorwurf. Erlaubt wäre: „Als ich gestern den Abwasch machte und du Fußball schautest, wurde ich sehr wütend auf dich! Ich hätte dir am liebsten das ganze Zeug vor die Füße geschmissen. Ich war voller Vorwürfe gegen dich und habe deshalb extra laut mit den Tellern geklappert."

Es geht nicht darum, die Wut oder den Ärger zu verbergen, sondern darum, den Zusammenhang aufzulösen, den der Vorwurf herstellt: Mir geht es schlecht und du bist daran schuld! Im Zwiegespräch heißt es: Mir ging es schlecht, und zwar in der und der Situation, und ich hatte dabei diese Gedanken und Gefühle. Den gewohnten 2. Teil (und daran bist du schuld) verkneift man sich. „Ich wurde traurig / wütend auf dich / verzweifelt usw." ist natürlich erlaubt.

Faustregel

Wenn Sie über den anderen sprechen, können Sie sich an folgende Faustregel halten: Sie sagen nur, was Sie unmittelbar mit Ihren Sinnen wahrnehmen konnten. Reden Sie nicht über die Interpretationen in Ihrem Kopf:

Beispiele: „Als du mich am Sonntag vor unseren Gästen so kühl behandelt hast", enthält die Interpretation, dass der andere einen absichtsvoll kühl behandelte. Das schien mir vielleicht so, ist aber meine Interpretation dessen, was ich gesehen habe. Bei dem Folgenden ist es genauso: „Wenn du mich lieben würdest, würdest du unsere Verabredungen ein-halten" oder „... wärst du beim Sex zurückhaltender, dann ...", oder „wenn du nicht immer so aufbrausend wärst." Alle Aussagen enthalten Interpretationen. Tatsächlich kann nie-mand genau wissen, was der innere Zustand oder die Absicht eines anderen gewesen ist.

Von sich sprechen würde hier bedeuten: „Als die Gäste da waren, hab ich mir gewünscht, dass du mich öfter mal an-schaust oder berührst. Als das nicht geschah, fühlte ich mich von dir abgelehnt und stehengelassen." „Als du unpünktlich zu unserer Verabredung kamst, fühlte ich mich nicht geach-tet und dachte, du liebst mich nicht, du findest mich nur praktisch."

Die Aufgabe heißt, beim Sprechen davon zu reden:
- So habe ich es empfunden ...
- darauf habe ich mir den und den Reim gemacht ...
- und dann so und so darauf reagiert ...

Zuschreibungen an den anderen darüber, ob der beleidigt, ablehnend, wütend oder interesselos gewesen sei, haben hier nichts zu suchen. Das ist anfangs anstrengend und erscheint etwas künstlich, aber Sie werden bald merken, dass es sich lohnt.

Unterlassen Sie auch allgemeine Aussagen, wie: „Es ist doch sinnlos, das so und so zu machen." „So darf/kann man das nicht sehen." Alle Aussagen, die auf die Form heraus-laufen „Es verhält sich so und so" oder „Es ist logisch/unlo-gisch; man muss/kann doch nicht", all diese Aussagen haben in einem Zwiegespräch nichts verloren. Das gleiche gilt für Sätze mit immer (wenn), nie, überall, jede Art von Verall-gemeinerung, wie oben schon erwähnt. Sie lenken von der unmittelbaren, persönlichen Erfahrung ab und spiegeln eine vermeintliche Objektivität vor, die die eigene Mitteilung verschleiert.

In den Zwiegesprächen geht es ausdrücklich darum, sich zu erkennen zu geben, sich zu zeigen. Beginnen Sie einfach jeden Satz mit »Ich«, dann kann schon nicht mehr viel schiefgehen.

Ziele

Zwiegespräche eignen sich absolut nicht dazu, den Partner zu dem zu bringen, was man schon immer von ihm wollte, aber irgendwie nie bekommen hat. Wer sich auf Zwiegespräche einlässt, in der Hoffnung, der andere werde ihn endlich verstehen und sich dann in die gewünschte Richtung entwickeln, hat eine Enttäuschung vor sich.

Zwiegespräche bieten einen Rahmen, in dem beide mehr zu sich selbst finden. Beide kommen mehr bei sich an und erst in zweiter Linie wird dadurch die Beziehung auch klarer. Wer mit sich selbst im unreinen ist, kann auch kaum als Gegenüber dienen. Wer weiß, wer er ist, wo er steht und was ihn selbst ausmacht, kann auch als Beziehungspartner eine klare Position einnehmen.

Die geeignetste Haltung gegenüber den Zwiegesprächen ist daher auch nicht die Erwartung, dass irgendetwas verbessert, gesteigert oder optimiert wird, sondern eine offene Neugier auf sich selbst, den anderen und das, was sich zwischen beiden entwickelt.

Seelenwellness

Zwiegespräche bedeuten erst einmal anhalten. Sie bieten ein Gegenprogramm, ein Sich-Entdecken durch Langsamkeit und Ungestörtheit. Jedes Paar braucht solche Schonräume. Nur in einem entspannten Erlebnisfeld können wir eigene Einsichten gewinnen und der Einfühlung Platz machen. Gefühle, Sehnsüchte, Sorgen, auch Ängste bekommen einen Raum. So gesehen sind Zwiegespräche eine Art »Seelenwellness« und auch ein »Anti-Stress-Training«.

Über Zwiegespräche hat nicht nur Michael Lukas Moeller geschrieben, seine Idee wurde von vielen aufgegriffen und wird im Internet in vielfältiger Weise dargestellt. Wenn Sie auf das Original zurückgreifen wollen, empfehle ich das Buch »Die Wahrheit beginnt zu zweit« von M. L. Moeller, sowie dessen weitere Bücher zum Thema.

Dem Positiven mehr Raum geben

Lassen Sie es sich gut gehen. Sorgen Sie für Zeiten, in denen Sie es sich als Paar gut gehen lassen. Schaffen Sie Momente, in denen nur Entspannung, Wohlgefühl, Leichtigkeit, Lachen, Ruhe und ähnlich positives Erleben einen Raum bekommt. Verabreden Sie sich, gehen Sie mal raus aus den gewohnten Kreisen, machen Sie Dinge, die Sie vielleicht vor vielen Jahren zuletzt gemacht haben, vielleicht auch noch nie. Vielleicht gibt es einen festen Tag in der Woche, an dem Sie sich für so etwas verabreden. Keine Zeit dafür? Wenn Ihre Tage zu voll sind und es offenbar für solche Momente überhaupt keine Zeit gibt, läuft etwas in Ihrem Leben falsch. Sie sollten unbedingt daran arbeiten, solche Auszeiten zu schaffen.

Machen Sie sich klar, worum es im Leben geht. Es ist leicht, in einer übervollen Welt, sich von dem weit zu entfernen, was ein gutes Leben ausmacht. Menschen, die im Sterben liegen, antworteten auf die Frage, was sie in ihrem Leben hätten anders machen wollen, in erster Linie mit folgenden fünf Aussagen[5]:

1. "Ich wünschte, ich hätte den Mut gehabt, mein eigenes Leben zu leben"
2. "Ich wünschte, ich hätte nicht so viel gearbeitet"
3. "Ich wünschte, ich hätte den Mut gehabt, meine Gefühle auszudrücken"
4. "Ich wünschte mir, ich hätte den Kontakt zu meinen Freunden aufrechterhalten"
5. "Ich wünschte, ich hätte mir erlaubt, glücklicher zu sein"

Die Menschen, die das gesagt haben, standen in diesem Moment am Rande des Lebens, kurz davor es zu verlassen. Bei ihnen steht nicht die Arbeit vorne an, nicht die Karriere, nicht das neue Auto oder andere Konsumgüter. Das, was diese Menschen als das Wichtigste betrachten, hat ganz viel damit zu tun, die eigene Lebendigkeit zu leben, mit anderen Menschen gemeinsam zu sein und dem Glück und Glücklich sein viel mehr Chancen zu geben.

Wenn Sie dem Glauben schenken können, dann schaffen Sie den Raum dafür, wenigstens ein paar Stunden pro Woche. Gestalten Sie darin ein entspanntes, gelassenes und glückliches Miteinander. Verlieren Sie in dieser Zeit kein Wort über Probleme oder Konflikte. Es geht nur darum, aufzutanken.

Aber Achtung, drehen Sie sich nicht nur um das Miteinander, denn das wird nur dann gut, wenn jeder auch bei sich ist. Vielleicht organisieren Sie das folgendermaßen: Jedes Mal gibt der andere Partner vor, was heute ansteht. Dabei stehen seine eigenen Interessen im Vordergrund und die Idee, den anderen mit in diese Welt zu nehmen. Auch wenn Sie dieser Welt etwas skeptisch gegenüber sind, lassen Sie

---

5 Ware, Bronnie, "The Top Five Regrets of the Dying", Übersetzt etwa "Die fünf Dinge, die Sterbende am meisten bereuen".

sich dennoch darauf ein. Öffnen Sie sich für diese Umgebung, für dieses Geschehen und vielleicht gibt es auch etwas, was Ihnen dabei gefällt. Es ist kein Zufall, dass sie sich genau diesen Partner gewählt haben. Unbewusst war Ihnen schon immer klar, dass dieser Mensch für sie sehr wichtig ist – vielleicht ist daher auch die Welt, die er Ihnen gerade eröffnet, für Sie von Bedeutung.

SO GEHT ES WEITER IN BAND 2

Wenn Sie das eine oder andere, was Sie in diesem Text erfahren haben, auch umgesetzt und öfter angewendet haben, sind Sie ein gutes Stück weiter. Mit Zwiegesprächen ist etwas mehr Ruhe und Frieden entstanden und selbst wenn sich mal wieder Spannungen ergeben, gelingt es Ihnen schnell aus den belastenden Gefühlen und der inneren Anspannung auszusteigen. Damit ist viel gewonnen.

Um aber dauerhaften Frieden im Miteinander zu erreichen müssen beide Beteiligten noch etwas in ihrem eigenen Leben verändern. Wie bereits weiter oben ausgeführt, entstehen die meisten Probleme in einer Beziehung deshalb, weil man unbewusst vom Partner das einfordert, was einem die eigenen Eltern nicht oder nicht genug geben konnten. Auch der inzwischen erwachsen gewordenen Person fehlt das immer noch und es hat für das eigene Wohlbefinden einen sehr hohen Stellenwert. Hier muss man unbedingt eingreifen und das ist auch möglich. Wenn diese Aufgabe gelingt, ist den meisten Problemen der Boden entzogen. Das bezieht sich übrigens nicht nur auf die Paarprobleme, sondern auch viele andere Lebensbereiche.

Nun haben die meisten überhaupt keine Ahnung, was das sein könnte, was da so wesentliches in ihrem Leben fehlen soll. Die erste Aufgabe besteht also darin, das herauszufinden. Es ist leichter als die meisten vermuten würden. Meist reicht es schon, nur mal etwas genauer auf eine einzelne Problemsituation zu schauen, aber es gibt auch viele andere Zugänge zu dem, was ich weiter oben schon als »Lebensthema« bezeichnet habe.

Im folgenden Band 2 geht es also darum, das eigene Lebensthema ausfindig zu machen und schließlich einen Weg aufzuzeigen, wie man dieses lösen kann. Das Mittel, das ich dazu anbiete, heißt »Schlüssel zur Psyche«. Sie erfahren detailliert, wie Sie sich Ihren Schlüssel erarbeiten und wie Sie diesen im Alltag anwenden können.

FFT und der Schlüssel zur Psyche scheinen auf den ersten Blick ganz verschieden zu sein. Tatsächlich ergänzen sie einander und gemeinsam bzw. nebeneinander angewendet, eröffnen Sie die Chance, tiefgreifend in die eigene Psyche einzugreifen und diese nach Wunsch neu zu gestalten.

Um auf diesem Arbeitsfeld erfolgreich zu sein, ist es sehr hilfreich und ein Stück auch unerlässlich, das, was im eigenen Kopf geschieht, auch aus einer gewissen Distanz beobachten zu können. Erst dieser innere Beobachter im eigenen Kopf ermöglicht es, frühzeitig in das Geschehen einzugreifen und mit dem Bewusstsein aktiv zu werden, bevor es im nächsten Problemgeschehen wieder heruntergefahren ist. Im Band 2 erfahren Sie auch, wie man so einen inneren Beobachter aufbaut und trainiert.

Zum Schluss

Vielen Dank, dass Sie mir als Autor vertraut und sich für dieses Buch entschieden haben. Ich hoffe sehr, dass Sie von dem Inhalt profitieren konnten und Ihre Erwartungen erfüllt wurden. Ich bin sehr daran interessiert, dieses Buch weiter und weiter zu verbessern und freue mich über jede Rückmeldung, zum Beispiel an meine Email-Adresse: r.kraetzig@online.de. Wenn es mir möglich ist, beantworte ich auch gerne Ihre Fragen.

Wenn Sie meine Arbeit unterstützen wollen, können Sie das ganz einfach dadurch tun, dass Sie auf Amazon eine Bewertung schreiben. Um an neue Leser zu kommen, bin ich vollkommen auf die Kommentare und Bewertungen derjenigen Leser angewiesen, die das Buch schon kennen. Gute Bewertungen und entsprechende Kommentare sind ein Hinweis, dass es sich lohnt, dieses Buch zu kaufen.

Sie müssen dazu keinen »Roman« schreiben, es darf auch ganz kurz sein, zum Beispiel: „Das hat mir geholfen" oder: „Ja, finde ich gut!" Wenige Worte reichen vollkommen! Entscheidend sind die Sterne, die Sie vergeben. Am liebsten wären mir alle fünf, aber das entscheiden Sie selbst.

Reinhardt Krätzig, am 18.2.2018

Web- und Mailadressen des Verfassers:

www.reinhardt-kraetzig.de

www.ihr-coach.com

www.psychotherapie-birkenwerder.de

E-Mail: r.kraetzig@online.de

In meinem Blog finden Sie in unregelmäßigen Abständen meine Gedanken zu Themen, mit denen ich mich gerade auseinandersetze. Klicken Sie auf www.reinhardt-kraetzig.de in der Menüleiste auf »Blog«.

LITERATURVERZEICHNIS

Boessmann, U. (2013), Bewusstsein – Unbewusstes, Band I: Bewusstsein: Was wissen wir? Berlin: Deutscher Psychologen Verlag.

Bremner, J. D. (2006), Traumatic stress: effects on the brain. www.dialogues-cns.org/wp-content/uploads/issues/08/ DialoguesClinNeurosci-8-445.pdf (abgerufen am 3.1.2018).

Busch, B. G. (2002), Denken mit dem Bauch. Intuitiv das Richtige tun. Kempten: Kösel Verlag.

Chinmoy, S. (12. Auflage, 2013), Meditation. Menschliche Vervollkommnung in göttlicher Erfüllung. Nürnberg: The Golden Shore Verlagsges.mbH.

Neuropsychotherapist, Special Issue, Printed in the USA: Create Space Independent Publishing Platform.

Dijksterhuis, A. J. (2007), Das kluge Unbewusste. Denken mit Gefühl und Intuition. Stuttgart: Klett-Cotta.

Eagleman, D. (2012), Inkognito: Die geheimen Eigenleben unseres Gehirns. Frankfurt: Campus Verlag.

Fuß, H. (05.05.2009), Achtsamkeit verändert das Gehirn, Interview mit Ulrich Ott. http://www.stern.de/panorama/wissen/mensch/meditationsforscher-achtsamkeit-veraendert-das-gehirn-3560756.html%20 (abgerufen am 3.1.2018).

Germer, C. K. u. a. (2009), Achtsamkeit in der Psychotherapie. Freiburg: Arbor.

Grawe, K. (2004), Neuropsychotherapie. Göttingen: Hogrefe.

Grawe, K. (24.04.2002), Potential und Grenzen störungsspezifischer Behandlungen, Vortrag. Lindau: Lindauer Psychotherapiewochen. www.lptw.de (abgerufen am 30.06.2016).

Gruben, S., Zwiegespräche, gefunden am 3.1.18 auf: http://www.psychotherapie-murnau.de/hauptteil_zwiegesprache.html

Hüther, G. (7. Auflage, 2011), Die Macht der inneren Bilder. Göttingen: Vandenhoeck & Ruprecht.

Kast, B. (02.2006), Ich fühle, also bin ich. http://www.zeit.de/zeit-wissen/2006/02/Gefuehle_Titel/komplettansicht (abgerufen am 3.1.2018).

Kasten, E., Oberhummer, H., Mertens, M. (05. 04. 2011), Woher wissen wir, was Realität ist? http://www.zeit.de/zeit-wissen/2011/03/Will-wissen (abgerufen am 3.1.2018).

Killingsworth, M. A., Gilbert, D. T. (12.11.2010), A Wandering Mind Is an Unhappy Mind, Science Magazin, Vol. 330, Issue 6006, S. 932.

Krätzig, R. (2002), Positiv-Ansatz. www.reinhardt-kraetzig.de/books.html (abgerufen am 3.1.2018).

Krätzig, R. (2014), Streitpaare. Frieden schaffen mit dem Ego-State-Ansatz aus der Paartherapie. Hamburg: BoD Verlag.

Lazar, S. W. (11.2005), Meditation experience is associated with in-creased cortical thickness. Neuroreport, Band 16,

Heft 17, S. 1893-897.

Lefkoe, M. (2003), Re-Create Your Life. Austin, Texas, United States: TLI Publishing.

Libet, B. (2005), Mind Time: Wie das Gehirn Bewusstsein produziert. Frankfurt a. M.: Suhrkamp Verlag.

Magrabi, A. (04.09.2015), Libet-Experimente: Die Wiederentdeckung des Willens. http://www.spektrum.de/news/die-wiederentdeckung-des-willens/1341194 (abgerufen am 3.1.2018).

Moeller, M. L. (36. Auflage, 2010), Die Wahrheit beginnt zu zweit. Rowohlt Taschenbuch Verlag

Myers, D. G. (3. Auflage, 2014), Psychologie. Berlin/Heidelberg: Springer Verlag.

Osterath, B. (2011), Die Amygdala. www.dasgehirn.info/grundlagen/anatomie/die-amygdala(abgerufen am 3.1.2018).

Ott, U. (2010), Meditation für Skeptiker. München: O. W. Barth.

Ott, U. (08.2011), Meditation für Skeptiker. Interview in Tattva-Viveka, Zeitschrift für Wissenschaft, Philosophie und spirituelle Kultur, Nr. 48.

Roth, G. (2001), Wie das Gehirn die Seele macht, Vortrag. Lindau: 51. Lindauer Psychotherapiewochen. www.lptw.de/archiv/vortrag/2001/roth_gerhard.pdf (abgerufen am 3.1.18).

Roth, G. (2004, 2), Das Verhältnis von bewusster und unbewusster Verhaltenssteuerung. Psychotherapie Forum,

Volume 12, Band 2, S. 59-70.

Roth, G. (20.03.2009), Die heimliche Macht des Unbewussten, Interview in der Zeitung Die Welt. www.
welt.de/wissenschaft/article3411612/Die-heimli-
che-Macht-des-Unbewussten.html (abgerufen am
3.1.2018).

Roth, G. (2011), Die Entwicklung des kindlichen Gehirns – Normalität und traumatische Störungen,
Skript. Institut für Hirnforschung Universität Bremen.
http://www.daer.de/html/symposien/2011/download/
Prof-Roth-Vortrag-Gehirnentwicklung-Normali-
taet-u-traumatische-Stoerungen.pdf (abgerufen am
3.1.2018).

Roth, G. (05.08.2015), Wie das Gehirn die Seele formt.
Frankfurter Allgemeine Zeitung, Nr. 179, S. N2.

Roth, G., Strüber, N. (2014), Wie das Gehirn die Seele
macht. Stuttgart: Klett-Cotta.

Siegel, D. J. (2010), Die Alchemie der Gefühle. München:
Kailash Verlag.

Siegel, D. J. (2011), What is Mindsight? Interview. Video
auf: www.psychalive.org/what-is-mindsight-an-inter-
view-with-dr-dan-siegel/ (abgerufen am 3.1.2018).

Stüvel, H. (20.03.2009), Die heimliche Macht des Unbewussten. www.welt.de/wissenschaft/article3411612/
Die-heimliche-Macht-des-Unbewussten.html (abgerufen am 3.1.2018).

Thormann, H. Training zur Verbesserung der visuellen Vorstellung. auf: http://www.kreativesdenken.com/artikel/

vorstellungskraft.html (abgerufen am 3.1.18)

Ware, B. (2012), The Top Five Regrets of the Dying. Hay House UK Verlag.

Wicht, H. (2011), Der Hippocampus. www.dasgehirn.info/grundlagen/anatomie/der-hippocampus (abgerufen am 3.1.2018).

Williams, M., Penman, D. (2015), Das Achtsamkeitstraining. München: Goldmann Verlag.

Wolf, C. (01.02.2015), Unbewusstes Denken statt sechsten Sinns. www.dasgehirn.info/denken/intuition/unbewusstes-denken-statt-sechsten-sinns (abgerufen am 3.1.2018).

ÜBER DEN AUTOR

Hallo werte Leserinnen und Leser, mein Name ist Reinhardt Krätzig, ich arbeite als Einzel- und Paartherapeut wenige Kilometer nördlich von Berlin, im schönen Birkenwerder. Schwerpunkte meiner Arbeit sind unter anderem: Paarkonflikte, Burn-out, Ängste, Gewichtsprobleme, berufliche Neuorientierung und die Therapie seelischer Traumatisierungen.

Einfach soll es sein und effektiv

In meiner Arbeit versuche ich schon seit vielen Jahren, auf kürzestem Wege zu helfen. Dabei nutze ich meine Erfahrung und ergänze diese gerne mit neuesten Erkenntnissen aus Gehirnforschung und Neuro-Psychologie. Das, was sich in der Arbeit mit meinen Klienten und Patienten am meisten bewährt, gebe ich in meinen Büchern weiter. Inzwischen ist schon eine kleine Sammlung von Lektüre zur Selbsthilfe entstanden. Unten gebe ich einen kleinen Einblick in den Inhalt. Umfassende Informationen bekommen Sie auf meiner Webseite: www.reinhardt-kraetzig.de

Web- und Mailadressen des Verfassers:

www.reinhardt-kraetzig.de

www.ihr-coach.com

www.psychotherapie-birkenwerder.de

E-Mail: r.kraetzig@online.de

WEITERE BÜCHER DES VERFASSERS

PAARE IN KRISEN
NAVIGATIONSHILFE FÜR SCHWIERIGES GELÄNDE

Bod-Verlag,

2. Auflage 2016, 200 Seiten

Die 1. Auflage erschien 2014 unter dem Titel: «Streitpaare»

Druck: 12,50, E-Book: 6,99 €

Alle Paare kennen Krisen: Bei manchen wird es laut, bei anderen läuft alles ganz leise. Schlecht gelöste Konflikte schwächen eine Beziehung und sie kann daran auch kaputtgehen. Mit der Navigationshilfe lernen Sie mit Ihren Paarkrisen vollkommen anders umzugehen. Sie erfahren in verständlicher Weise, was sich in der Psyche der Beteiligten im Hintergrund abspielt, wie das die Konflikte erzeugt und wie Sie darauf einwirken können. Ihnen werden Wege gezeigt, wie Sie in Selbsthilfe ein fruchtbares und gutes Miteinander aufrecht erhalten oder es, falls es schon verloren gegangen ist, wiederherstellen können.

Das hier vermittelte Konzept ist in vielen Jahren paartherapeutischer Praxis entstanden und erprobt. Ihre eben noch als pure Belastung erlebten Paarprobleme werden jetzt zu Trittstufen auf ein vollkommen neues Niveau des Miteinanders.

Die gewonnenen Einblicke in die unbewusste Dynamik des Miteinanders sind übrigens auch für den Umgang mit Kollegen oder Freunden sehr nützlich.

In einem Anhang bekommen Paartherapeuten zusätzliche Infos über die hilfreiche Arbeit mit Ego-States in der Paartherapie.

ABNEHMEN
MIT DEM SCHLÜSSEL
ZUR PSYCHE

Bod-Verlag, 2016, 240 Seiten

Druck: 14,50, E-Book: 7,99 €

Mehr als 90 Prozent aller Versuche abzunehmen scheitern, daran haben unbewusste psychische Prozesse einen wesentlichen Anteil. In diesem Buch erfahren Sie, wie das vor sich geht. Und vor allem lernen Sie, was Sie dagegen tun können.

Das Problem ist, dass die Psyche die überzähligen Kilos zur Regulation der seelischen Befindlichkeit nutzt und deswegen die Diäten vereitelt. Mit dem »Schlüssel zur Psyche« bekommen Sie ein Werkzeug in die Hand, mit dem Sie diesen unbewussten Vorgängen den Boden entziehen. Das Prinzip ist einfach: Sie bringen das in Ihr Leben, was Ihre Psyche seit Langem vermisst. Dieses Fehlende ist selten bekannt und unterscheidet sich bei jedem. Für den eigenen »Schlüssel« ist daher ein Blick auf sich selbst erforderlich. Bei Ihrer Suche werden Sie schrittweise angeleitet, und diverse Beispiele erleichtern Ihnen den Weg.

Im Anhang vermittelt Ihnen das Buch zusätzliches Wissen über die Hintergründe der störenden psychischen Prozesse.

LIEBE IN DER PSYCHOTHERAPIE

POTENTIAL
PROBLEM
PERSPEKTIVE.

Bod-Verlag, 2015, 190 Seiten
Druck: 11,99, E-Book: 6,99 €

Es geht um die Liebe, die nicht selten zwischen Behandler und Patient entsteht, sei es in der Psychotherapie, beim Arzt oder in der Physiotherapie. Oft ist sie einseitig, manchmal ergreift sie beide Personen. Der Autor macht klar, dass eine Liebe innerhalb einer Therapie etwas anderes ist als eine Liebe außerhalb. Sie kann zu einem positiven und stärkenden Faktor werden, wenn sie als Teil der Behandlung verstanden wird und der Rahmen des Settings nicht verletzt wird. Ansonsten wird sie zum Hindernis und vielleicht sogar zur Ursache von sexuellem Missbrauch. Der Autor betrachtet vorrangig die Psychotherapie, aber vieles ist auch auf andere Bereiche übertragbar. Das Buch ist eine Hilfe für Behandler die sich in dem schwierigen Gelände orientieren wollen. Auch betroffene Patienten finden Unterstützung und Rat.

Der Autor vermittelt einen Zugang zum Thema, schaut auf die Hintergründe für das Entstehen von intensiver Zuneigung und zeigt mit vielen Beispielen, wie mit den verschiedenen Spielformen von Liebe umgegangen werden kann. Vorrangig wird die Psychotherapie betrachtet, aber viele Erkenntnisse sind auch auf andere Therapiefelder übertragbar.

MIR GEHT ES WIEDER GUT

SCHLUSS MIT SCHLECHTEN GEFÜHLEN

Bod-Verlag, 2016, 100 Seiten

Druck: 9,95, E-Book: 5,99 €

Würden Sie manchmal gerne unangenehme Gefühle wie Ärger, Anspannung, Verletztheit, Wut, Unruhe oder Verzweiflung einfach ablegen, um sich anschließend mit klarem Kopf und einem guten Gefühl wieder Ihren Aufgaben und Zielen zuwenden zu können?

Dann möchte ich Ihnen in diesem Buch mit einer sehr wirkungsvollen und vielfach erfolgreich praktizierten Technik aus der Psychotherapie unter dem Namen FFT ("Feel-Free-Technik") eine leicht zu erlernende Methode näher bringen, die Ihnen helfen wird, den inneren Schalter umzulegen und unangenehme Gefühle innerhalb weniger Minuten einfach abzulegen.

Was auch immer die Ursache Ihrer belastenden Gefühle sein mag: Schwierigkeiten am Arbeitsplatz, Konflikte in der Partnerschaft, mit den Kindern oder Eltern. Mit FFT können Sie die eigene Psyche mühelos zurück in ein gutes Gefühl steuern.

Für die Anwendung von FFT wird kein Vorwissen benötigt! In diesem Buch finden Sie eine leicht verständliche Anleitung, unterstützt von vielen Beispielen und Illustrationen.

Mit einer leicht verständlichen Anleitung, unterstützt von vielen Beispielen und Bildern, bekommen Sie alles, was Sie benötigen, um sich schnell wieder gut zu fühlen.

NEUE LÖSUNGEN FÜR VERTRAUTE PROBLEME

ENTDECKE DEINEN SCHLÜSSEL ZUR PSYCHE

Bod-Verlag, 2017, 232 Seiten

Druck: 12,99, E-Book: 7,99 €

Ab heute komme ich nicht mehr zu spät, mache bei der Arbeit früher Schluss, höre mit dem Rauchen auf, streite mich nicht mehr mit meinem Partner oder ... Sicher kennen Sie das. Fest entschlossen, jetzt endlich mit solch »vertrauten« Problemen Schluss zu machen, kriegen Sie es tatsächlich ein paar Mal hin - aber einige Zeit später ist doch alles wieder wie vorher.

Warum funktioniert das nicht dauerhaft? Weil Sie nicht am richtigen Ende anfangen! Die meisten Probleme entstehen, weil etwas Wesentliches in Ihrem Leben fehlt und solange das nicht da ist, werden Sie nichts erreichen. Mit Ihrem »Schlüssel zur Psyche« können Sie dieses Fehlende jetzt in Ihr Leben bringen und sich damit endlich von vielen unangenehmen Gewohnheiten verabschieden.

Im Buch erfahren Sie in anschaulicher Weise, warum das so ist, wie Sie Ihren »Schlüssel« finden und wie Sie ihn zur Selbsthilfe benutzen. Sie erhalten Zugang zu einem wertvollen Werkzeug aus der praktischen psychotherapeutischen Arbeit.